Salimata Traore Rawlings

Pierres-Couleur Tribu-Cyan-Sahara

Salimata Traore Rawlings

Pierres-Couleur Tribu-Cyan-Sahara

Éditions Muse

Cover image: www.ingimage.com

Publisher:
Éditions Muse
is a trademark of
Dodo Books Indian Ocean Ltd., member of the OmniScriptum S.R.L Publishing group
str. A.Russo 15, of. 61, Chisinau-2068, Republic of Moldova Europe
Printed at: see last page
ISBN: 978-620-2-29891-9

PIERRES-COULEUR TRIBU-CYAN-SAHARA

I. INTRODUCTION

La poésie de la couleur s'empare de l'âme pour l'alléger par la beauté des artefacts de vie. La pierre singularise le paradigme existentiel en y ajoutant sa couleur, ses nuances, ses reflets et ses gangues d'impureté ; des défauts qui deviennent des qualités pour des cabales d'amours suaves ou rebelles. Elle captive et rançonne des voies d'empathie, de récompense ou simplement de contentement. C'est une odyssée de séduction par une cathartique de considération touchante pour l'encouragement, la naissance, la renaissance; une connivence tissée de cadeaux s'insérant dans un climat de convivialité. Evoluer de façon fascinante avec la preuve nomade de nos amours est une performance dynamique de l'imaginaire humain.

Faites les hommes heureux, vous les faites meilleurs dit Victor Hugo. Cette boutade convient bien au sexe féminin tant une femme heureuse est un paradis alors que comme par miracle, les pierres aident à conférer cette félicité relationnelle qui comble assurément le couple.

La pierre précieuse est un fondement pour construire et reconstruire un espace de cordialité, de ferveur relationnelle. De l'intuition pour un amour vrai, les émotions demandent à être justifiées, homologuées par un biais de conformisme qui fait partie des mécanismes traditionnels sociaux et c'est la sarabande pour le choix de la pierre la plus adéquate. L'épopée culturelle des peuples comporte toujours des enjeux identitaires donnant du sens aux moments d'exception et des couleurs aux évènements.

Même la tenue vestimentaire s'inspire des désirs profonds de complétude alliant le spirituel au physique. C'est une donne de légitimité pour se projeter sur le monde et sur les cultures tierces par un attrait particulier ; celui du cérémonial ou d'autres pratiques enchanteresses. Ainsi, par la couleur c'est la magie du terroir, un idéal de soi que l'on projette sur l'extérieur. On en rapporte également une mystique envie tierce dans un intérieur fantasmatique. L'orange du Sikh et du Bouddhiste rivalise de beauté avec le bleu du Touareg et l'indigo Lo-massa du Malinké dans une habileté articulatoire des affects et du spirituel.

Il appert que les choix ne sont pas factices, chaque part de couleur est une portion de désir pour renforcer le charme hypnotique de l'attachement à un Dieu, à une religion, à un terroir. La couleur vante la lumière et l'enlace pour des reflets irisés ou mor dorés. Le tableau chromatique est marqueur d'histoire spontanée, un phénomène teintant le fait religieux et la culture endogène pour une affirmation identitaire parfois universelle.

On peut parler de la contre-culture du jeans à l'acquisition de ses lettres de noblesse dans toutes les nuances du bleu d'abord. En l'occurrence, du camaïeu bleu on parlait surtout de 'blue jeans', mais actuellement le denim est passé à toutes les teintes, sous toutes les coutures et s'est popularisé pour inclure toutes les franges de la population même les bébés. D'utilitaire, le denim devient partie intégrante de la garde-robe, impactant continuellement la mode depuis la ruée vers l'or.

L'élégance implique souvent une perfection vestimentaire qui ne séduit qu'avec au doigt, au cou des bijoux comme des bagues et pendentifs en pierres précieuses.

La pierre est un artefact qui confère honneur, statut et pouvoir par le respect d'une tradition. Elle tatoue la mémoire afin de laisser dans ses sillons le mystère d'un soir qui vibre avec la brise quand on croise l'étincelle de la bague commémorative de cette demande en mariage qui devient légende ; pierre angulaire d'une relation laborieusement construite. Elle peut s'improviser et créer la surprise en toute occasion sinon la plupart du temps, elle est solennelle, protocolaire, forge les destinées amoureuses, est prestigieuse, porte au grand jour le mystère de paroles sibyllines.

De l'inférence de liens à la décision, l'écrin s'impose comme une contrainte qui libère du doute, confirmant un sens du style et comportant toute la force prédictive de la prophétie auto-réalisante la plupart du temps.

Pour se faire aimer davantage mais aussi se faire pardonner, l'or et les pierres précieuses optimisent l'effet recherché. Classées parmi les clauses sociales d'inclusion, elles suscitent un mélange diffus d'admiration et même parfois de vénération. Elles rehaussent l'éclat de tout évènement festif tout en restant potentiellement génératrices d'envie, de confiance, de conquête et de convoitise.

Une femme qui brandit son annulaire orné d'une bague pierrée revendique un statut, une considération sociale attachée à cet anneau classificateur. De facto, la société s'interroge sur la place des uns, des autres et la plupart du temps. Ce sont les joyaux incrustés de pierres qui renseignent sur l'état des sentiments et leur concrétisation.

Selon une logique sociale mythique, les pierres réinitialisent l'âme de l'émerveillement dans une arène mondaine où l'on se doit de briller par mille feux de diamants, de rubis, de saphir. En l'occurrence, les pierres précieuses confèrent une popularité médiatique. Cette symbolique atemporelle du luxe marque un statut, une appartenance discrète au gotha local ou international.

La bague incrustée de pierres rend complices deux cœurs en ballottage. L'amour se raffermi avec la pierre sertie ; la vie débordante de joie pour peu. Et que donc ! Ce rubis traduit des sentiments nobles, devient témoignage d'un choix inéluctable.

De même, célébrant une naissance, un anniversaire ; la pétrogenèse retrace autant l'histoire d'une ambition sociale, que celle d'une ascension vers plus d'aisance, plus de notoriété.

Le médaillon au motif zodiacal paré de pierres précieuses, en montre bracelet, boucles d'oreilles, merveille de broche ou bague est un soin à la personne en gravant en porte-bonheur le signe sous lequel l'on est né. Selon nos envies, on peut en faire plusieurs versions et même en agrafe ou bouton de machette pierrée. Une boîte à trésor de bijoux est un cadre de rappel de moments forts de la vie afin qu'ils défient l'usure du temps.

Ces marqueurs atemporels que sont les pierres précieuses s'instaurent comme souvenir étapiste d'une vie à obstacles, de coups de cœur, d'investissement, de vestiges, de couleurs, d'histoire et de tradition familiale et amoureuse.

La joaillerie c'est la passion pour le nuptial avec ses préparatifs ; la mode explorant l'antiquité et l'ultra modernité pour plus de novation. Ce sont surtout des désirs sculptés par des artistes avisés et achetés pour ravir le cœur de la gente féminine et masculine. Les bijoux animent le merveilleux du dialogue social avec des sujets passionnels de conversation qui hantent ou réjouissent les protagonistes de la destinée sociale et culturelle de cercles mondains.

Le diadème ou la tiare incrustée de pierres précieuses accompagne chaque sortie notable d'égéries, de personnalités en vogue. Ainsi, le cristal, l'émeraude, la tanzanite, la topaze et autres complicités créatives de talents conjugués d'orfèvres, de bijoutiers et de joailliers brillent d'une iridescente ferveur lors de nuits à écho romantique ou burlesque. La précieuse délicatesse de leurs pièces de création revendique un carré de gloire que leur dédient allègrement les célébrités satisfaites.

1.2. La pierre précieuse et rite de passage

Le rite de passage est partie intégrante de mécanismes sociaux permettant l'articulation du normatif à l'évolutif. Il participe à la commensalité et se renforce par une socialité réunissant les acteurs autour de cérémonies où la pierre est symbole de reconnaissance d'un pas franchi vers un rayon social nouveau. Le diamant, le rubis, le saphir sont symptomatiques de dureté et circonvienne l'usage du temps 'sans pâlir'. Ainsi ces pierres s'imposent comme témoignage émouvant de l'espérance d'un amour de ce symbolisme de l'inoxydable, de l'impérissable. S'insérant dans la transmission d'un héritage aux générations futures, la pierre se révèle plus forte que la mort, un investissement qui s'éternise, traversant les siècles. Elle fait partie d'une historicité familiale à valeur paradigmatique, fondatrice de l'identité avec des alliances qui défilent sur des annulaires de descendants depuis le mythe axiome de la lignée.

Le premier rendez-vous, le baiser primordial se marquent d'une pierre précieuse qui est la métaphore d'une intimité psychédélique. Même les coups de foudre s'inscrivent dans l'agenda d'amours pierrées pour soi et pour autrui. La haute égide d'une maestria presque divine pour orner les étapes de la vie amoureuse est celle du joaillier, de l'orfèvre, du bijoutier. Hommage à une créativité à claire conscience, tantôt intuitive mais sachant rapporter au grand jour les désirs et les créations d'autrui. Libido et sublimation infusent cet art particulier de l'esthétique à valeur exponentielle qui s'inscrit dans des us. Il compense aussi les insuffisances, les absences et les amnésies momentanées freudiennes ou réelles. C'est l'art de savoir transcender l'éphémère en marquant d'une pierre l'évènement d'importance pour soi et pour les autres. Il s'agit en outre de construire des relations sûres par une expressivité émotionnelle intime comportant un sens du don évènementiel ou spontané et de la possession qui comble.

L'amour, ce sentiment intense d'affection vive et d'attachement ardent tient une place de choix dans l'industrie de l'orfèvrerie. Même lorsqu'elle est minuscule, la pierre rehausse les amours. Elle porte au-devant de la société l'affection rassurante du couple par la symbolique de l'anneau de diamant serti. C'est l'avise en triomphe d'un lien que l'on veut inaltérable à l'exemple de l'emblème cabochon de son annonciation.

Mettre en gage ses pierres précieuses s'institue comme un acte de recours en cas de faillite financière ou simplement pour parer un coup dur du sort. Résolue dans la pérennisation de l'amour, de l'amitié et de la sécurisation affective des évènements, la pierre se prête au jeu de la garantie afin de toujours faire perdurer l'aisance en tentant un investissement profitable à même de résoudre une difficulté de l'heure.

On s'affirme par son style, par les joyaux auxquels on s'attache. De ce fait, l'élégance est un défi constant à relever et les parures y participent. Mais s'y greffent parfois une cokerie de l'emprunt, du vol et de l'assurance.

La convoitise est une tare qui fait que l'on ne se contente point de ce que l'on a. Depuis la nuit des temps, ce péché capital induit à penser que c'est ce que possèdent les autres qui peuvent les rendre heureux.

A l'occasion d'évènements sociaux d'envergure, comme le rite 'd'entrée dans le monde' ; porter des joyaux de la boîte à bijoux d'une amie est un recours usuel chez ces types de personnes. Maupassant dans <u>La Parure</u> fustige l'envie de paraître de Madame Loisel par l'emprunt d'un bijou auprès de son amie, le temps d'un bal. Après la perte du bijou, les Loisel s'endettent pour dix ans afin de le rembourser au prix de leur jeunesse et de leurs ambitions d'ascension sociale.

La convoitise a ainsi entamé toute la plénitude d'une vie prometteuse pour la reléguer au plus bas de l'échelle sociale avant de se rendre compte que le bijou emprunté chez Madame Forestier était un faux coûtant cinq cents francs alors que la famille emprunteuse trima pendant toute une décennie pour le remboursement d'une vraie parure de quarante mille francs.

Le luxe attire, il affiche crânement les attributs d'une boîte à rêver qui s'incarne dans un cérémonial féerique pour des occasions spéciales comme les fiançailles, le mariage, la naissance. La fierté d'être choisie bouscule celle de recevoir un cadeau, de se sentir unique.

Le sacré est un espace aménagé pour contrecarrer le chaos. Les pierres précieuses ont toujours fait partie d'une sacralité, d'une spiritualité avec des sceaux, sceptres et trônes incrustés d'or, de jade, de diamant et de rubis. Elles font parties des valeurs régénératrices dans la symbolique religieuse et dans la ritualisation.

La mode est une identité idéale, terriblement audacieuse et toujours sujette à la métamorphose. Elle est aussi toquade que l'on voudrait pérenniser. La pluralité des motivations occulte la généralité mais va à la rencontre des canons de la société pour le performeur ultime. Une certaine tendance atomise une idée de l'absolu sociétal du moment mais aveu de créativité de même. L'on établit souvent de nouvelles passerelles conceptuelles dans un cadre révélateur de tonalités affectives où différentes dimensions du luxe sont conciliables avec des résonances individuelles et universelles. On écoute de plus en plus ses envies propres avec des clins d'œil vers la mode. Les tendances de l'été, l'assortiment d'une pierre à la couleur des yeux ; les codes d'achat se multiplient et comblent plusieurs des caprices et des tentations pour le bonheur ultime de l'être.

L'industrie du luxe fait rêver tout en attisant la curiosité, le désir de touristes, visiteurs vers des villes cibles comme Paris. Avec la haute couture, la maroquinerie, la parfumerie ; le secteur du luxe inclut forcément la joaillerie où il faut innover continuellement à cause du risque d'obsolescence et de la rudesse de la concurrence. Le luxe s'adresse à une esthétique à même de conquérir les cœurs et à faire des chiffres d'affaires époustouflants.

Les parures rivalisent de charme pour nous installer dans un monde d'onirisme, le temps d'une sortie mondaine, d'un show transgressif. Certaines sont soit uniques ou à édition limitée. Elles sont partie prenante d'un univers qui poétise l'amour, incarnant une séduction qui pérennise l'instant et le souvenir ou personnalise la croissance et la maturité. Elles se déploient dans un cosmos de libéralité et de reconstruction selon des normes novatrices incluant le luxe, paradis de l'âme.

Malgré la modicité des moyens d'existence, le luxe est un penchant du cœur qui révèle notre humanité. C'est absurde mais le superflu n'est point farfelu, il protège le cœur de l'essentiel à un moment donné et l'on économise pendant des mois pour offrir ce qui suffit au bonheur d'un instant ; une épopée entrelacée d'or et sertie de diamant bleu racontant l'apogée d'une relation.

Il y a de tous les goûts dans la joaillerie. Certains s'évertuent à obtenir la lune alors que d'autres s'émeuvent pour des rayons de soleil, un coup de cœur en forme de paon incrusté de pierres.

Aussi l'industrie du luxe, c'est l'onirisme en plusieurs dimensions. Le premier réflexe d'acquisition, lorsque l'on atteint un certain seuil de bien-être fait entrer dans une odyssée empirique qui emporte vers d'autres choix raisonnés ou fantaisistes mais qui tous répondent à un pan du rêve que l'on poursuit. On sort du pool en portant un cœur de pierre précieuse au pouvoir magique tant tous les regards convergent vers le bracelet, le pendentif ou la montre incrustée de pierres convoitées. L'air du temps se conjugue avec la mode et les accessoires font l'élégance, une audacieuse démarche de choix qui convoient une aisance vaporeuse.

La bijouterie s'accessoirise et les babioles ornées de pierres de grande valeur font partie des créations et des idées cadeaux. Une transformation en grande foulée advient nécessairement par le dynamisme d'un habitus qui implique une pluralité d'approches à la vie. Le prestige s'attache et s'affiche avec la passion pour les pierres dans leur diversité de taille et de couleur formant une communauté de privilégiés par le capital accumulé du bijou, de joyaux.

Tant les bijoux que leur boîte font l'objet d'un art consommé. La joaillerie est d'ailleurs un art du luxe qui souligne la vitalité de l'être en lui fournissant des témoins de la joie. Là aussi, tout est sentiment, hôte d'une signification et d'une sensibilité tant tout être héberge une version du fondamental sacré ou profane ethnique relevant d'un récit mythique explicatif de rites de circonstance ou de traditions tout simplement que le joaillier comble. L'anneau royal ou religieux s'incruste d'un précieux pierreux ordonnant une posture morale pour entrer dans un monde spécial.

Les signes que cette esthétique traduit articule les liens cognitifs, affectifs et culturaux. Ils s'inscrivent dans une capacité d'inventer qui soutient l'audace existentielle en pénétrant les figures géométriques comme Mauboussin pour exprimer la joie, l'euphorie relative à l'axiomatique choisie. L'enthousiasme est un fantasme réalisé et cette émotion mène au bonheur, c'est le bonheur même.

Le joaillier détient le secret du raffinement esthétique. Il est capable de dessiner le mouvement, des liens étroits entre l'environnement et l'économie dans lesquels Némarq, phœnix d'or du luxe insère subrepticement un soupçon de rêve, de réalisation dans un univers de communication intuitive, parfois formalisée. Par son action, le secteur renaît de ses cendres pour conquérir plus de cœur, plus de verve afin que chacun puisse oser affirmer ses désirs. Le bijou jalonne la vie avec des tendances nouvelles afin d'exprimer les différentes émotions dont la joie lorsque deux cœurs battent à l'unisson par un 'duo d'amour'. De même, l'extraordinaire promotion avec une prime peut de ce fait aussi s'incarner dans une fantaisie sous la forme d'un joyau 'gueule d'amour', amour de soi qui soigne l'ego. Le bijou, un accès à un fantasme, une tentation presqu'animale mais cependant réaliste !

Le marketing est un phénomène de séduction qui consiste à savoir exécuter la bonne partition devant une audience ciblée. Il ne touche que quand il cerne les sentiments et affects réels. Ainsi, l'attractivité est un défi à maîtriser afin de pénétrer les codes ethniques, socioculturels avec spontanéité et aisance pour une adaptation aux besoins émotionnels de l'autre. Avec une persévérance audacieuse, l'expert en ce domaine développe plusieurs stratégies et mécanismes d'attraction pour interagir avec l'environnement et les personnes.

La créativité souscrit à une liberté d'œuvrer afin de faire aboutir une conception novatrice avec à la clé, chaque fois de nouvelles audiences, une nouvelle clientèle. On s'engouffre dans une brèche sociopolitique pour une aventure qui mène à la réinvention esthétique incorporant à la fois une dynamique globale mais capable de satisfaire le coopératif, le conjecturel et le contextuel.

La valeur élevée de la plupart des joyaux nécessite de les assurer. Dans ces rêves montés de bonheur familial tout comme les pierres des escrocs à l'assurance enchâssent des traquenards pour se faire un pactole par l'audace de déclarations mensongères auprès de compagnies d'assurance. En effet, d'infâmes canailles rusent seules ou en association de malfaiteurs pour soutirer de l'argent malhonnêtement à travers les pierres possédées.

De plus, comme dans les professions qui ont pignon sur rue, les voleurs se spécialisent dans les voitures comme dans la joaillerie. Ils sont tellement attirés par le luxe et le clinquant des diamants et rubis qu'ils en font une expertise malheureusement alimentant un trafic contrôlé souvent par la pègre.

Le postmoderniste célèbre l'individualité tout en étant dépositaire d'un trésor incarné par une régénérescence intense par le rêve et l'affirmation de soi même sans une généalogie forteresse de privilèges. Ce siècle iconoclaste est superbe pour une approche au ludique, au luxe, une omniprésence de l'imaginaire qui erre sur les chantiers incisifs et parfois précis d'itinéraire de la volonté de reconnaître et de perpétuer ce qui est meilleur pour l'être. Se faire plaisir est un principe activateur de bien-être, une ingénieuse idée pour se pouponner sans culpabiliser. On se fie alors aux effets magiques de la joaillerie pour envoyer l'âme sporadiquement au paradis car on se délecte de ses succès, on célèbre ses réussite. L'univers du bijou réalise des prouesses de conciliation et de réconciliation souvent afin de conjurer la séparation sociétale.

En somme, le rêve, l'amour et le bonheur s'expriment par le fantastique d'un diamant serti dans une bague en or ou en argent pour une aventure interindividuelle, familiale et sociétale endiguant les voix passives pour une métaphore de la résolution prise afin de donner un coup de pouce et amener devant l'échiquier social l'aventure amoureuse qui se précise, se raffermit.

Promotrice d'une vaste réflexion, l'innovation est une approche synthétique de données civilisationnelles explorant les pratiques et usages symboliques des imaginaires sociétaux véhiculés.

Passé maître dans l'art de chahuter les codes, le réengagement de Némarq PDG de Mauboussin auprès de la femme du quotidien donne un nouvel ré enchantement au bijou. Il reformate les esprits par ce nouvel élan démocratique qui amène l'esthétique à niveau de métro à la portée de tous pour être admirée en live, feuilletée en catalogue et achetée Place Vendôme et maintenant Rue de la Paix. Cela positive l'énergie pierrée et magnifie les périodes de fêtes. Ainsi donc, le catalogue sort de son autarcie régalienne pour s'étaler sur les podiums publics comme les écrans géants et les murs du métro à la sortie du tunnel comme une révélation.

Tant l'estime de soi que la confiance en soi sont rehaussées par la joaillerie. Le postmodernisme ouvre les opportunités pour faire fructifier les ressources individuelles. De ce fait, plus de personnes sont à mesure de piocher dans les différentes collections par quoi s'exprimer et ce à chaque occasion d'envergure. Cesse alors l'autocensure émotionnelle avec plus de compliments qui soutiennent et rassurent l'être de façon usuelle mais même aussi professionnellement.

Le marketing ouvre un domaine de la haute sphère sociale qu'il sécularise. Au grand air, sur la place publique, au lieu d'engendrer un effet vulgaire, il ouvre plutôt le cénacle du luxe sur les envies et les désirs de tous. Avec le numérique accroissant la visibilité et boostant les ventes, la créativité s'accorde avec une liberté qui s'improvise comme leçon d'élégance et de perfection. Le champ des possibles s'élargit avec des collections aux noms suggestifs : 'gold swan', 'voyage de noces', 'nuit d'amour' pour une connivence qui perdure, 'chance of love' pour une addiction idyllique, 'saphir d'amour', 'passion and fashion' s'accordant avec des tenues particulières. 'La bague' est là, disponible et toujours faisant l'objet d'un 'sacré désir'.

Nemarq casse le tabou pas pour désacraliser la joaillerie mais pour y inclure plutôt toutes les figures humaines du désir afin de le combler dans ses différentes incarnations. Artiste créant la tendance pionnière par une rupture fécondatrice systématise la vertu ou l'ivresse de l'achat, du cadeau pour soi et pour autrui. Il trouve des thèmes fédérateurs qui trouvent de la résonance dans les cœurs aristocrates et technocrates par l'axiomatisation du réel à travers une idéalité lyrique ou onirique. On plane avec ses rêves, les réalisant au travers d'une culture nouvelle de mise en exergue de l'émotion par un cadre révélateur d'un cœur aimable, fondant rendant à chacun sa pleine humanité. Les pierres entrent dans le monument que l'on construit en soi pour booster son ego. Elles permettent d'avoir une immense emprise sur le rêve, les lubies en caprice acquisitionnel.

L'histoire familiale s'inscrit souvent dans les bijoux pour une solidarité intergénérationnelle ou devient l'épicentre de tensions de guerres de succession.

Dans tous les cœurs, le bijou peut chanter l'hymne de la plénitude à l'envi. Il séduit, ravit non pas coincé dans un rôle ou un devoir ; il répond aussi à la parenthèse de folie, dévoilant au passage la façon subtile de transgresser l'injonction de retenue pour les grandes dépensières. L'envie de plaire trouve sa plage idéale, se nourrit d'authenticité et l'on peut allègrement succomber aux délices d'une toquade en restant soi-même et curieux de l'autre afin de lui offrir ce qui le/la ravira. N'est-ce pas la résultante d'un trait de génie du phœnix d'or ! Une révolution idéologique, esthétique et démocratique !

La croqueuse de diamant s'impose toujours avec des magnats comme le Sultan de Brunéï principaux clients de collections uniques et onéreuses. Le combat culturel et idéologique sociétal infuse alors ce secteur éminemment sélectif au départ. Désormais, la femme cible de la joaillerie travaille et s'assume, se faisant plaisir par des achats de bijoux régulièrement ou sporadiquement en plus de l'usuelle tradition incontournable des alliances matrimoniales et des estivales. L'industrie du luxe, demeure sous certains aspects un mystère, un magistère de totems sans tabou. Les pierres précieuses font partie de talismans, de porte-bonheur, de paravents contre le mal sous leurs multiples incrustations.

Se créé alors une intersection géniale dans l'industrie du luxe où la trajectoire allant au travail noie l'oisiveté dans la contemplation de bijoux en publicité pratiquement partout en poster géant par 'l'intelligence en mouvement'. Cela exponentialise l'accès au luxe, au rêve devenu subitement accessible ; ce qui est magique. Par le déclin progressif des barrières sociales intervient une projection psychologique de la fin d'un cloisonnement princier. Ce qui engendre une liberté de contraintes auto-imposées avec un haut potentiel d'enthousiasme afin de réaliser ses rêves et assumer sa singularité propre par un goût assumé du luxe.

Cependant, cela n'occulte pas mais plutôt rehausse notre propre potentialité, une résolution, une volonté de 'se choisir soi-même dans sa valeur éternelle'. Les bijoux irradient de ce fait la joie bien qu'elle comporte une fonction symbolique revêtant une expérience individuelle intime et possiblement partagée.

Ce choix personnel du bijou par la femme ou par l'homme au-delà des cadeaux reçus est une affirmation de soi, une interprétation audacieuse de l'existentialité, l'adéquation entre un rêve et sa réalisation. On recherche et on trouve une finitude dans le bijou par une disposition fondamentale à se faire plaisir. On apprivoise l'étrange convoitise du luxe en la muant en joyaux comme une concrétude palpable.

L'acquisition du bijou était de tout temps de la galanterie. A présent, elle entre dans le rituel de l'accomplissement, une complétude s'incrustant ainsi dans le giron du désir accompli. De facto, la subjectivité de l'envie devient réalité qui se comble par la manière dont on l'incarne dans la projection d'une merveille accessible.

La vie devient ainsi moins contraignante, plus capricieuse, plus satisfaisante alors. L'achat du bijou devient de facto une gratification narcissique, une perspective de contentement indéniable ; témoin d'une qualité de vie fleurant la plénitude. Le monde a une raison d'être qui est le bien-être ; il se loge souvent dans un écrin et nourrit autant que les victuailles une joie de vivre.

La joaillerie entre dans le réel d'une heuristique de découverte du désir à valeur opératoire extraordinaire. Le bijou entre dans le registre des émotions et répond à une spontanéité et entre dans l'ordination religieuse. C'est en fait une quête passionnante d'articulation de l'avoir et de l'ego.

II. Cyan

Le cyan est-ce nuance du bleu d'Anvers ?

N'est-elle pas capricieuse, vrai bleu-vert ?

Couleur d'équilibre d'une nature ou d'une tribu

Cyan est une nuance, un signe de synthèse tribut

A l'envie du vivant qui du primaire fait ce qu'il veut

Soustrayant pour du magenta, ajoutant pour plus bleu

Cyan, insaisissable sauf en métaphore de la nature

Sarcelle ou icônes typiques de la couleur murmure

Comme la couleur turquoise, bleu-clair à bleu-vert

Pierre aimée, encastrée en boucles mimant pivert

Ou en collier extravagant argenté porté sur costume beige

Ce marron-clair qui sied bien à toute peau même sous neige

Nègre marron fuyant les chaînes pour un peu de liberté

Brun ou marron le frémissement de la révolte est toute fierté

La forêt est immensité de couleur, garde-manger

On y refait la vie en faune et grand verger viager

Cyan est le vert pâturage quand il y met du cœur

Ce sont toutes les couleurs vibrantes en chœur

Bergère de bêtes et de rêves émiettés hauts dans le ciel étoilé

Mystérieuse vie, le plein air libre colmaté même sous ciel voilé

Dans une tente de verdure, un tapis d'herbe

Menu de bonheur pour villégiature imberbe

Quand l'artiste peint les couleurs, son âme aquarelle

Retient ses envies et préférences eau ou feu à la pelle

Monet et ses nénuphars célèbrent la vie aquatique

Le vert et glauque s'étalent à fleur mauve antique

Avec les couleurs de base, on a des envies éminentes

On y rajoute ou soustrait ses vraies valeurs dominantes

La vie devrait être comme les couleurs primaires du vieux

Rapprochant l'être de ce qu'il connait et mélange le mieux

Avec le bleu-roi, la couleur est profonde, foncée

Et pourtant ne singe pas le bleu d'orage enfoncé

En plus magique, c'est l'explosion à la queue leu leu

D'un bleu d'outremer badigeonné d'indigo à l'eau

Mais c'est plus lumineux que la voûte céleste

Identifiable partout et quand on a la main leste

C'est un peu bleu électrique, chatoyant comme bleuet

Fraichement cueilli ces fruits mini au goût un peu fluet

On en cueille, en plante, effeuille en un clin d'œil

Il est dans la splendeur de la petite fleur de groseille

Dans le pré on remarque des tonnes de bleu

Qui chassent celui qui teinte le mort de peu

Seulement de traits de crayons, veines qui de feux

Deviennent subrepticement bleutées comme le gueux

Cramoisi de froid à la porte de maisons chaudes à souhait

Mais dont le cœur ne bât plus et interdit l'aumône, un faix

Dit le moine, celui qui ne travaille point se clochardise

Par une loi de l'addiction qui tranche jusqu'à paillardise

Le malheur se décline en plusieurs couleurs mats

Indifférents et même sépulcraux pendant aux mâts

Mais que dire des injustices de ce monde

Où le pauvre hère trime avec foi ; il fonde

Les bases d'une aise que les satrapes lui ravissent

Avec des faux-cols blancs qui les échelons gravissent

L'ecchymose est-elle aussi du cyan ou de la sarcelle

L'être canard sauvage cible de tout vide de la gamelle

Qui se trouve confronté à la violence d'une vie effrontée

Désagréable, insolente pour le toqué peint par Brontë

Il est cependant chorus de sang reflué pour prédire

En bleu, un malaise aux sillons éclatés par le délire

Symptomatique d'une possibilité accrue de féminicide

Le cyan d'un œil poché que l'on fuit, de honte matricide

Abject crime, non-assistance à personne en danger

Des nuits à sirène et à ambulance, il faut tout déranger

Les voisins et la famille coupables, trop de coups engrangés

Alors que l'amour a laissé des traces, avec les bébés langés

En plus ou moins gros que l'abîme, l'âme enfouie sous du bleu

Bleu ecchymose, sous ses nuances cyan, verdoyant, gris-bleu

Un ciel assombri sous de l'amour-haine, coups et jurons parbleu

Comment faire la part des choses et des couleurs, la tête en feu ?

Dans les colères de femmes non exprimées qui usent la foi

En l'humain, éculant la semelle du beau d'un pas maladroit

Les tempêtes de la vie se vivent en couleurs

Elles s'estompent ou se renforcent en fleurs

Il faut de l'action sinon l'enfer est pavé de bonnes intentions

Les méchants ont les mêmes tatouages et fausses expressions

En fait, il s'agit d'apprendre à respecter la vie et donc la femme

Le récalcitrant du fonds du cachot se fait de gros bleus à l'âme

La police mieux que le temple résout les problèmes cyan

Le colosse va chercher un autre punching-ball en rayant

Des haltères à soulever pour noyer sa violence et sortir de fer

La dite faible devient ville sainte à son retour de l'antre de l'enfer

Le monde ce sont toutes les couleurs de prédilection

Qui affiche des couleurs primaires et toutes en nation

Panachent pour atteindre l'intensité désirée en magenta

Rouge pourpre en complémentaire du vert, bataille penta

Ou un cyan plus bleuté, couleur en synthèse soustractive

Tout caprice comporte ses filtres pour la synthèse additive

Pour les minerais, on trouve dans le gisement

Ce bleu-vert plus ou moins foncé en jade crânement

Attisant la convoitise, le rêve, vecteur d'une immortalité

Que l'on donne en héritage preuve de vie et de ténacité

D'une lignée valeureuse laissant en gènes chimères

Du mordant pour la conquête du monde pendant des ères

Les couleurs œuvrent à travers une philosophie de la totalité

Incluant tout, aussi les désirs chenapans dans l'universalité

2.1. Couleur tribu

Les couleurs phares sont fonction des tribus

Toutes célèbrent la vision du beau sans rebus

La couleur tribu est une distinction, un désir ethnique

De réinventer la cohésion sociale jusqu'au golfe persique

Les coqs de pagode sont aussi multicolores et se pavanent

Dans leur basse-cour comme sur terre ferme, ils dépannent

Après les boat-people, les désespérés de Lampedusa

Une horde de mort noire, inique en Méditerranée médusa

Les modes de vie disparates doivent augmenter la tolérance

Nomades et agriculteurs fuyant la misère pour la France

L'aisance est convoitée par tous, la couleur tribu devrait être

Celle que tout le monde cherche, c'est pour tous le bien-être

Tel le drapeau des envies des peuples, des couleurs sampan

Fièrement arborées en jaune et bleu traversent le temps

La couleur tribu est aussi expression professionnelle ; bleu

Uniforme de travail ou col bleu signifie labeur et vœu

D'œuvrer pour buts nobles quotidiens, service à queue leu leu

Gilets jaunes et hargnes contre l'inégalité, ce n'est pas si peu !

Pendant longtemps la couleur tribu indigo a fait triompher le bleu

La plage du rêve est un bleu Touareg d'évasion, utopie dans sable

Non ! Un peu de répit pour des nerfs mis en conflit avec le diable

Des couleurs de clochards, elles paient aussi allégeance au beau

Même si la norme détourne le regard pour ne pas voir ce Sora No

Le grand vide ; désespoir et solitude dans un monde d'abondance

L'humain sans cœur vermeil s'encanaille en acceptant l'errance

L'émeraude, ce vert bleuté éveille à la magnificence de l'étang

Des verts pharaons de nénuphar, mémoire verdoyante du temps

Chromée d'intensité glorifiant l'effort de la chlorophylle au soleil

Pour briller dans une plante colorée plutôt qu'en seul trompe œil

La diversité, ce sont ces yeux démultipliés du papillon

Autant de couleurs, vagues de caresses à l'âme sillon

2.2. Tribut à la couleur

Voyant le jaune or, on retombe en enfance devant fleurs d'eau

Le jeu de massacre a été celui de couleur depuis l'or de veau

Les couleurs souvent 'caméléon' singent la nature ; un tribut

Fisc de survie, le camouflage ou la parade nuptiale ; son début

Qui entraîne, qui allèche ? Cela dépend des espèces

Le perroquet si flamboyant en couple porte deux pièces

Au moins ; affiche plein de vert mais le cou est tout fleuri

Fleurs du flamboyant, merveille de coloris, c'est une féerie

Avec cela il est si convoité et siffle bien et même parle langue

Imiter l'humain lui a valu cher, le péril étant caprice qui tangue

A la recherche du beau partout à afficher dans l'appartement

Déniant la liberté aux voix de l'espoir pour une vie d'enfermement

Espèce bientôt alaise, pourtant icône de la forêt amazonienne

La toile sera romance et la beauté sylvestre quoi qu'il advienne

Devrait être réelle, à tir d'ailes sillonnant les espaces touffus

Conscientiser afin que l'être revienne à la raison, confus

Des forêts cultes que l'on pourrait visiter après le plat de tofu

Au bout d'une balade à travers le cosmos jusqu'à Corfou

La législation de la protection ; une illusion dira-t-on

Mais qui sommes-nous pour soustraire ton sur ton

Des espèces dites phares pour nous qui s'éteignent

Paradoxe des collectionneurs de malheurs à teigne

L'indignation en cascades devrait dévorer les serments d'ivrogne

L'on redoute les déserts crées et réchauffement qui la vie rogne

Animaux spéciaux du dodo à l'ara trépassés par notre égoïsme

Qu'a le cœur pour s'endurcir ainsi et traumatiser l'humanisme ?

Les mea-culpa tardifs et les envolées lyriques sont mauvaise foi

On doit prendre plaisir à cultiver la diversité en faire une vrai loi

La tribu s'éparpille et on voit Tokyo en bonzaï, quelle merveille !

Paris est Tour Eiffel et rattrapage culturel pour liesse vermeille !

Que l'on fasse sa prière en cinq fois ou on fait sampai

La couleur tribu est orange, toute spiritualité du Dalaï

Toute religion prône une valeur et une couleur à son miel

Tout emblème se retrouve dans les couleurs de l'arc-en-ciel

On veut toute foi Zen dans le monde jusqu'à Durban

La couleur tribu est fière et religion par couleur ruban

Peut-elle devenir couleur de victimes, martyrs de sots ?

Récréer les barbelés et la peur d'un certain vert des lots ?

S'affiche alors dans le sillage des communautés

L'arc-en-ciel en plus du noir et blanc usuel sans aménités

Comme une prière psalmodiée et de piété auréolée

Titane, chrome, métal s'infiltrent en nuance zélée

Arc-en-ciel est cette couleur de l'espoir pour toute tribu !

Lorsqu'on la voit ; terminé le déluge de malheur bu !

On se pare de ses plus beaux atours ; ceux de déités

On fait le deuil du noir, du blanc en soirées de civilités

On fait précéder du blanc uniformisant avec le linceul

La couleur douleur de chacun, une peine qui feule

Pour rappeler à tous que l'on est partant tout seul

La couleur des autres nous laissant seul sous meule

Le mort est seulement un peu plus devancier

Dans un monde où tout le monde est coursier

Avant, après le blanc on s'enfonce, un noir-douleur

Sans envie, avec amertume et une sorte de torpeur

Couleur tribu est toujours éclatante représentation

Le culte est un atelier de mode et gage d'émotion

Mimant souvent le bleu céleste, céruléen

Pour des veilles où on annonce l'herculéen

Besoin de communion de l'être froussard

Qui veut exorciser une solitude du trouillard

Dans la fosse six pieds sous terre, même inanimé

On se pare de blanc en fantôme réel aussi mimé

Par la mariée, les enfants d'Halloween et citrouille

Un orange couleur parti ou tribu, province de rouille

Un coup de cœur pour d'autres s'encastre en tatouage

Du blanc kaolin ou craie ou encore couleur de veuvage

De la terre d'ensevelissement ocre, beige, rouge sombre

Qui fatalement attend avec ostentation que l'on sombre

L'imaginaire est un peuple qui erre en caprices pour survie

Dans une culture plurielle qui particularise en malices et envie

Somme d'être plus beau, plus fort que la nature avant l'échéance

En effet, 'abiban – ça finit' ; l'ennemi attend finement la déchéance

Toute vie est une couleur éphémère qui fait son malin

Elle se veut éclat, approbation, désir, anticipation et vin

L'amour se perd dans les yeux de la femme

Qu'admire en toute dignité le roseau blême

Exsangue d'émotion qui plie pour le plein d'amour

Mais ne se cache point, penche plutôt plus d'un tour

Autour des couleurs camaïeu, du rouge, du jaune ou bleu

Cela est un choix de tribu, vœu de pérennité camaïeu de feu

2.3. Bleu Camaïeu

Dans toutes les nuances du bleu

On conjugue la vie du récif en deux

Vie paradisiaque, couleurs fresques

Aquarelles de plan d'eau d'îles presque

De paysages apaisés comme des légendes

Survolent le giron de l'Iliade vie en bandes

Avec le bleu magenta des eaux, c'est une odyssée

Au cœur de la villégiature on caracole en caducée

Se fondant dans des horizons de vague

Apportant la sérénité toujours en vogue

Le jean de France, vêtement inespéré de la dureté

D'un travail éreintant du Far-West ; c'est la créativité

Venu de Nîmes et restant nom dans son camaïeu

Du bleu à gogo en réalité et dans le rêve d'un aïeul

Dans la quête de fortune marchande

Par un commerce qui la mode scande

Des teintes s'offrent, exceptionnels joyaux

Terre miniature harmonieuse montrant coraux

Création et récolte de couleurs menthe

L'eau turquoise ne veut qu'on lui mente

Elle arrose les jardins alentours en bande

Bleu nénuphar, bleu d'horizon en brande

Moi j'y vois juste la transparente, souvent lavande

Parfois émeraude, beauté qui rôde joue sarabande

Perspective d'une promotion touristique qui vende

Pour le moins ou le plus, tout éclat qu'il le rende

Ce bleu mauve clair qui crie pour une harmonie

Consacrant l'humeur idéelle à joie et symphonie

Le bleu lagon, ce bleu-vert transparent en demeure

D'un sanctuaire coloré de biodiversité ; bras de mer

Que l'on visite ; le nourricier ou en plaisir chimère

C'est l'optimisme, un rêve camaïeu, presque mère

D'un élan esthétique de Dieu créant la splendeur

Charme époustouflant de fonds marins sans laideur

Un jardin secret dans le bref bleu camaïeu

Se muant en formule incluant un indigo envieux

Luminescence ajustée pour l'élixir de jouvence

Dynamisée par la relaxation, la beauté intense

D'un paradis terrestre, une bulle bienveillante

Une cure d'eau qui se fait en passion emballante

Un confort visuel et thalasso pour le corps

D'où on ressort, requinqué, un peu plus fort

Beauté des lieux et couleurs de nos aïeuls font merveille

Par un bien-être prôné par les sens émerveillés en éveil

Qui dit bleu clair, sait que le ciel n'est pas loin

Et le rang apparaît-il en bleu princier sans point

Empreint de toute la solennité du passé en pourpoint

Arborant la chéchia rouge, même sans embonpoint

On n'oublie pas le bleu canard dit aussi sarcelle

Qu'on approche, horizon si proche par nacelle

Que porte le bleu-bite dans le camp militaire ?

Il n'a pas encore pris le pli et l'éloquence mercenaire

Son uniforme est bleu acier ou bleu Bic ou indigo

Il peut être foncé et nuancé par la lumière tout de go

Ou la locution la plus seyante est-ce bleu aldégo ?

Le cyan, le magenta et le jaune, en synthèse soustractive

Bataille de camaïeu pour la fraction romantique addictive

Pour qui adore des teintes du jaune analogon du poussin

Mais aussi celui du champ de blé mais pas de sarrasin

Qui est reconnu comme blé noir à l'opposé du blé d'Inde

A gros épis colorés où le jaune est présent prisé et blinde

L'estomac de jeunes d'ici en hommage à Colomb

Sans lui on se serait limité au mil sans de l'aplomb

Le maïs et la mangue chantent ses louanges partout

Où l'exploration a permis leur culture ; le monde en tout

Greffe, retard, tête de chat, il y a en a tant quand on ouvre l'œil

La mangue pend aux arbres, verte et jaune ; dorée par le soleil

Offrant le sourire par ses variétés à la petite mère qui veille

Aux petits soins des enfants, pour qui toute mère est merveille

Le jaune ne se bonifie de nuance blé d'or ; le blé d'Inde est maïs

Parodiant les dents du sourire hilaire du bonheur d'Anaïs

Dans ces paradis, on ne rit jamais jaune, c'est aux éclats

Qu'explose le trop de soleil en petit bonheur sans dégâts

Et on dira blondeur de blé, de ce jaune de cheveu doré

Plus ou moins ambré, cuivré, blondinet ou alors mordoré

Le vert, quand c'est glauque, on le voit dans l'eau

Ce beau vert se dira plutôt verdâtre souvent en seau

Mais quand il touche de près, il peut être vert-olive

Olivâtre se dit mais en plus explicite c'est l'olive

Ce vert incarné plus ou moins tropical en fruit 'karité'

Onctueux et doux pour le palais, régal Africain d'identité

Le vert karité est roi de la savane comme le Grec olive

Qui pousse aussi au Maghreb et son fruit le champ enjolive

Toute l'Europe est verte d'olive à nuance jaune, ce vert

Qui baigne dans la saumure et se déguste sans travers

Cher au cœur en vert 'olive et karité' fruit pour l'huile

Beurre pour l'Afrique, saison pluvieuse riche sans tuile

Si le fruit karité peut être vert-olive, selon la terre il se fonce

Pour un vert-bouteille au sud ; qui dans la végétation s'engonce

Et se déguste de bon matin ou tard pour ceux dont le ventre

Ne se réveille pas si tôt que le cerveau car il est lent cet antre

Chez certains plus ‘noir’ ou ‘blanc’ métaphore du bien ou du mal

La bedaine répond à des us et coutumes de culture primale

Quand la couleur s’immerge dans le monde des fleurs

C’est un délice des yeux et des noms occultant le leurre

Les coloris rouge ont fait de la rose une vedette

La teinte s’incarne dans le ‘rose blush’ ou crevette

Sans oublier le rose fuchsia pour certain, obsession

Tant il plaît dans tout mélange pour une collection

Dans les vasques, les roses sont nuance couleur et odeur

De fabuleuses teintes à panachure sublime font ces fleurs

Il y a des jardins qui arborent toujours un élégant camaïeu

Joliment colorés de teintes voisines et carnations d’aïeux

Comme dessinées depuis l’antiquité mais si extasiant

Célébrant les voyages desquels sont ramenés écriant

Ces nuances de couleurs déjà là mais moins foncées

Ou trouvées dans la forêt avec des veines violacées

Et à substrat un peu pourpre sur le vert du gazon au sol

La couleur est un bijou aussi une tendance ; la clé de sol

Qui s'insinue comme audace sophistiquée des bouquets

Les résonnances de couleurs sont romances en bosquets

Solutionnant les différends, cristallisant les attentes exaltées

D'amoureux transis, la couleur raconte les créances flattées

D'amours en mal de lieu témoin pour une audacieuse déclaration

La couleur exprime la vague culturelle et la mythique passion

Dans une radicalité expressive de milliers de mythe notion

Chantant le cantique des astres millénaires dans le bleu azur

Creusant les sillons de l'ethnicité pour semence évitant césure

La silhouette filiforme du Touareg du désert se profile en bleu

Comme pour rencontrer l'infini de l'horizon indigo sur sableux

Des tempêtes amassant monticules pour erg effrayant brun

Comme point d'orgue de l'infini célébrant le Ténéré auburn

Couleur des hommes juchés sur des chameaux majestueux

Le Sahara est un trésor, égérie d'un désert châtain brumeux

Ou déteint-il en châtain clair tranchant sur robe du dromadaire

Le brun se dit basané quand il s'agit de peau dans l'annuaire

D'un répertoire énonçant le mat et quand le soleil la peau burine

Elle devient couleur du bronze d'artiste sahélien qui taquine

La joie de confection de talismans d'un précieux, une singularité

Plongeant le porteur dans l'univers de spiritualité, d'insularité

De kontomblés confinés dans leur vallée profonde

Mais influenceurs de destin, ils en sortent avec l'onde

Afin d'aider l'ami(e) pour l'amour, l'argent et la liesse

Ornant le doigt d'un anneau cuivré en signe de promesse

Entre le doré et l'argenté, les métaux nuancent les couleurs

Le jaune est blé mais il est aussi doré et le blanc annonceur

D'un âge qui s'avance dans la sagesse de dame argentée

Avec plus de gris et de blanc pour une retraite patentée

Les fleurs s'élèvent dans leurs grandiloquentes couleurs

Pompeuses, s'étalent pour ravir le regard des promeneurs

C'est le jardin des compositions toniques, paradis des yeux

Bonheur à l'encan qui s'étale à perte de vue sous les cieux

III. Jardin Cyan

Le jardin est un paradis pour l'âme

A cause de la couleur qui s'y pâme

Récital singulier, hymne à la couleur

Jeux d'ombre et de lumière de fleur

Fièrement divers, les coloris y font merveille

Tout est beau avec au milieu gerbe vermeille

Sûre est la beauté du paysage et la gaieté de l'âme

Puisque l'esprit imbibé d'énergie ravive la flamme

Le mix de couleurs est dextérité de la nature

Ou ingéniosité du jardinier coloriant mature

Une pause de douceur et de bonheur frayé

Récupéré par le regard content et peu effrayé

Devant tant de beauté florale mimant le paradis

Sur terre un jardin est utile, botanique ou à radis

Le potager rivalise de joie avec le parterre floral

Que craint-on, même pas le temps âpre, le banal

Qu'importe ! Le beau en saison est plaisir de Montréal

Attirant les rayons de soleil même en serre d'hiver boréal

Vrai trésor ! Ces motifs floraux divers, la beauté bigarrée

Au pouvoir lénifiant sur l'âme pour plein de gaieté effarée

De couleurs cyan et bleu camaïeu en démagogie

Couleurs rafraichissantes expressives, magie

Teintes chaudes chamarrées, conscience esthétique

Bariolée et badigeonnée d'une multiplicité de tiques

Le vert de chine est tiré d'écorce comme l'indigo

On en teint le textile et à nuances on l'appelle lo-kao

Il donne du rouge pourpre foncé tirant sur un peu de noir

Même très dilué, son rouge persiste; il est sirop à boire

La couleur est souffle vital dans la pharmacopée

Elle signe les potions et les différencie en épopée

Coloriée pour éviter les catastrophes du poison

Il y en a qui rendent gai comme un véritable pinson

Dans le jardin comme dans la ténébreuse forêt sacrée

On leur assigne des places pour une potion consacrée

Le jardin s'intériorise dans la culture et trace les géométriques

Des plates-bandes à fleurir d'or et d'essences concentriques

Qui font le bonheur des yeux et du cœur

L'esprit se pâme d'aise, se régale de fleur

Les couleurs du jardin révèlent la fonction épistémique

De la tribu car elles font fleurir la vie par sa rhétorique

Elles font état d'un schématisme qui renvoie à une représentation

Assimilatrice de la clé sensitive ethnique grisant la présentation

Et le type attachant pour un peuple comme la tulipe

Chère emblème au cœur des Pays-Bas et on flippe

Avec tant de bonheur pour les yeux dans le cœur de l'été

Une prouesse d'allégresse pour oublier guerre qui a été

Dans la trame narrative de la détresse pour l'annihiler

La fleur trouve patrie et famille couleurs tout est à piller

Pour le bonheur de l'appropriation et de l'amélioration

De couleurs importées, bougainvilliers, nouvelle carnation

Le jardinier avec dextérité allie métier et passion

Construit sa joie pour le bonheur d'une nation

Alchimie contemplative qui est au cœur des fleurs

L'être émerveillé en consomme même en choux fleurs

Tisse une nouvelle dimension affective pour des roses

Il n'y a pas de neutralité de couleur, elles sont des poses

Où il y a toujours une nuance prédominante de blanc

Où des plus dorées, le jaune se fait or dans pot fer blanc

Mais elle ne doit être discriminative plutôt assimilatrice

Toutes les couleurs en plans pour les fiches de l'actrice

De l'harmonie qu'est la nature avec des airs adjugés

Occulter les résistances mentales, épingler les préjugés

Mais rose, rouge vermeil, toute couleur seyante en terre

Sous tous les cieux la patience est fleur en parterre

La jalousie n'a pas de couleur selon la lecture identitaire

On l'ensevelit sous les sans-soucis d'un bonheur égalitaire

Le monde social interroge la présence d'affects qui infectent

Et raccommodent en neutre les moments créatifs qui affectent

La nuance des couleurs comme pour un tableau impressionniste

Manet passe et Monet refait le tableau nature bien plus réaliste

Giverny n'est pas tombé du ciel, le nymphéa depuis Pontiphar

Répond à l'âme par une bienveillance éclatante comme phare

C'est l'être qui cultive la beauté à ses pieds

Ou dans des vases en appartement sur trépieds

Sensibiliser à la beauté, c'est rendre fonction à la couleur

Celle intégratrice et d'égale valeur sublimant nature et fleur

Magie esthétique tombée du ciel et sortie de terre sans peur

Sans limite d'expansion sauf félicité, le bonheur, l'aise du cœur

L'esthétique c'est battre la cruauté tragique par plates-bandes

La couleur est paradigme fondateur de vie jusque dans les landes

3.1. Jardin potager nature

Ma douce mère à la main verte

Faisait fleurir tout, une découverte

D'une terre ocre, brune ou argile

Par son travail méticuleux et agile

Elle faisait sortir de terre comme par magie

Courges, oseille, tomate ; une pédagogie

De vie et d'amour à une terre qui se veut généreuse

Sous des mains profanes et autodidactes, bienheureuse !

Tout fleurit, verdit et on y cueille maïs, orgueil des champs

Ce blé d'Inde d'une histoire de partages en chants de camps

L'honnête homme offrait à tous l'hospitalité, le kaba tô en plus

Puis-je manger lorsque mon prochain d'où qu'il vienne non repus ?

Quand la nature tient ses promesses de jardin

Le vert des feuilles de baobab orne le gratin

Le vert devient la couleur de l'espoir, l'eldorado

Quand la saison sèche a fait chanter desperado

Le vert signifie que la terre revit avec son tapis

Ses lombrics qui refont de l'air pour la graine tapie

Vert bouteille ! Paillasson à épineux soignant bébé et bobos

'Kamele samara !' On l'appelle chaussure de l'intrépide ; sabots

Pour pieds nus du courageux parcourant champs

Cela rend l'enfant fort et invincible dans les camps

Savane herbeuse, le paysan sent le temps du répit

Toute essence se revitalise par la pluie sève de vie

Le bleu du ciel s'ouvre sur le désir d'eau à l'envi

Et le glauque, plus ou moins cyan ouvre l'œil en mer

Pour des jours de tempêtes où l'eau entre en colère

Se teint en noirâtre pour rencontrer le ciel d'orage

En une concurrence fière qui tend à lui faire ombrage

Le ciel couvert est encre tendant vers le bleu foncé

On rentre le bétail rapidement car le ciel a froncé

Son front pour en faire tomber toute l'eau

Et faire pousser toutes les couleurs, le beau

Magenta, rouge pourpre, toutes les valeurs agréables

A l'œil et à la bouche pour des saveurs inégalables

3.2. Jardin arc-en-ciel

Le jardin arc-en-ciel fait l'apologie des diversités colorées

Systématise les couleurs pour des bandes assorties dorées

Ou encore un mix indéchiffrable mais tellement beau

Le prosélytisme des couleurs perdu d'avance par l'eau

Elle arrose les plants de toutes les teintes qui s'épanouissent

Et donnent joyeusement ce violacé, l'autre rosé ; tous bruissent

D'être l'épicentre d'une vie qui renoue avec la bataille esthétique

Accepter toutes les couleurs, c'est faire un pacte pour une éthique

Qui assemble les coloris comme dans un jardin pour un slogan

Toutes les couleurs sont belles même et surtout sur toboggan

Les tons, nuances vont du pastel au vert dominant, au cyan

Trésors d'un jardin où l'on retrouve toutes les couleurs l'an

Ces aquarelles entrent dans une dimension démonstrative

Pour l'expression inéquivoque d'une émotion incisive

Qui veut s'affirmer envers et contre tout ; passionnée

Fleurs de vie et de mort, sont toutes ferventes en donnée

Pour des témoignages d'amour et de reconnaissance

On en offre des bouquets d'amour et de persévérance

Le chrysanthème du Japon avec sa variété, plus de nuance

En France, en fleur, on rappelle les âmes belles en partance

Souvenir des immortelles, la marguerite bien-aimée joue

Et dore un amour languissant sous la véranda, sur joue

Fleurs javelots, fleurs envoyés en symbole, rayons d'or

Pour ensoleiller un cœur d'amour qui suinte l'or en pore

Emblèmes de villes, de pays, les fleurs s'incarnent dans la culture

Qu'elles colorent et valorisent par des envois de bonne bouture

Elles plaisent, s'importent et s'exportent d'Asie et d'Afrique

S'offrent en automne en toutes circonstances aussi en Amérique

La connaissance de soi, la découverte de l'autre dimensionné

Par un arc-en-ciel de couleurs où le cœur palmier coordonné

A d'autres merveilles des yeux éloigne la peur

Par un bouquet de mots, un bouquet de fleur

Des rives d'Abidjan et d'Accra en couleur beurre

Pour exprimer l'amour sans une trace de leurre

Une ethnologie plurielle à couleurs bigarrées

Pour l'éclosion de la joie même pour âmes égarées

Explosion d'aquarelles divines avec du grenat, variété verte

Du béryl rouge réinventé en fleur écarlate, tout est sans perte

De la pierre aventurine pour une ballade autour du lilas bleu

Sublimer le contraste des couleurs, le bonheur à queue leu leu

L'immense fleuraison aux tonalités picturales, chromatiques

Voir ainsi l'immense talent d'une nature aux arts énigmatiques !

Annonciatrices d'un bonheur de printemps qui se prolonge

Le pas alerte, le cœur léger, les parterres que l'on longe

Ont le vert, bleu, violet, mimant les pierres précieuses ; le saphir !

Historique valeureuse de conquête du cosmos, tout un empire

De cœur émerveillé d'un aventurier ornant le jardin pour voir

Pousser l'été perpétuel de Ouaga à Paris par la graine et émouvoir

Ce sont des belles du jour qui s'ouvrent au soleil et celles du soir

L'expressivité émotionnelle célèbre la diversité en toute gloire

Egayer les danseurs et les passeurs pour s'ouvrir à la nocturnale

Sarabande du monde de la nuit toujours colorée ; à la saturnale

Sur le jardin fleuri où sont versées les teintes, nuancer la vie

Muant et jouant avec les jeux de lumière, l'obscurité alors dévie

Laissant la structure sociale motrice, allant vers le beau

L'identité ethnique se lit dans les fleurs que l'on offre en seau

Les éléments culturels souvent sont des ressorts comiques

La politesse reflète un réel enjeu identitaire, des sens iconiques

Chaque fleur est l'éclosion d'un espoir de beauté

De l'aventure dans un secret de couleur d'été

Des couleurs inespérées dans des nuances explorées

Par des croisements experts dans des mains florées

Donnant du pastel par-là, renforçant l'effervescence du vert

Aveu d'échec d'exclusivité, toutes les tonalités sont là ; gazon vert

Bougainville ramenant de la flore insulaire si singulière

Celle isolée des Andes porte les épines de la cordillère

Cactus, bonsaï prennent les airs et se prêtent à la curiosité

Le jardin botanique est rencontre des peuples de diversité

L'apport novateur des ombres et lumières fascine

Il n'y a pas de couleur inconciliable, tout se dessine

Sur un carré ou un rectangle, c'est la quête continue

La vie est un proverbe séquençant l'enfer qui est ténu

Efflanqué, se tenant sur les côtés du bien-être pour le sauter

A la moindre peccadille en enlever les couleurs, de feu alors doter

Le calme de l'eau douce, des fleurs d'eau, nymphéas du bonheur

D'un distinguo établi en passerelles vers la beauté en couleur

D'antan inusités des tons sont là par des myriades d'initiatives

Soyons tous des intermédiaires culturels, des attaches hâtives

C'est l'histoire d'une aventure, d'une subversion de l'âme usuelle

Une trajectoire artistique, une peinture de l'excès dans l'écuelle

Les tonalités affectives entrent dans un cadre révélateur

Celles de chatoyants camaïeux par le jeu du transformateur

Qui n'atteint son paroxysme que par l'aide de la nature d'heur

Toute nation s'émeut pour une variété et partage son envie fleur

La force expressive de celle-ci ; sans tribu compradore

Adoucit l'existence tumultueuse, tolérante que la foi dore

Flottant haut dans le ciel, le drapeau est patrie

Fanion de nos chères couleurs, il réunit la fratrie

Le drapeau c'est le pays vrai ; le symbole est l'objet

Que l'on porte pour indiquer la détermination sur le trajet

Celui de l'univers de mon arrière-grand-père est rond soleil

Sur son fond blanc, il est circonférence du bien recherché

On y entre comme dans un sanctuaire où le bonheur est lâché

Grand-mère paternelle ravive toujours cette promesse vermeille

Fille de l'Empereur de Jade, toute discrète elle gère avec merveille

De vaillance, de retenue en toute circonstance ; égard pour tous

Et on s'investit tels des soldats pour le drapeau qui houspille tous

C'est cela le credo de mon père, un leadership pour la révolution

Augurant changement positif où le soleil levant gage d'évolution

Réchauffe le cœur et flotte vers les autres pays du cosmos

Il annonce avec son fanion blanc de pureté et résolu; va mos !

Un pas en avant pour la rencontre, l'entraide culturelle

C'est cela la crème de l'envie pour un monde aquarelle

Ainsi, toutes les couleurs sont 'l'enfant de tout pays !'

Vivant à l'aise sous tous les drapeaux ; rien de haï !

3.3. Fleurs

La beauté épanouit la terre et le contemplateur

L'être anonyme en extase devant tant de bonheur

Inscrit dans des fleurs coquelicot de toute couleur

Le pavot bleu de l'Himalaya, offre son bleu au spectateur

Où chrysilla arbore un camaïeu de bleu inusuel chez l'araignée

Bouche bée devant cette merveille, nature est beauté gagnée

Ces fleurs qui enchantent et se métamorphosent en insecte

La splendeur et le chatoiement de ces gouaches sont secte

Un ralliement pour la préservation du beau décorant l'univers

Les ornementations florales ravivent le bonheur du convers

On peut tout faire fleurir l'été de Denver dans le Colorado

Et aussi dans l'Ohio, Cincinnati de l'automobile grosso modo

La passion s'insère dans des nuances qui se côtoient

De fluets brins d'herbe s'y trémoussent et louvoient

Dans cet univers si fantastique tant il est superbe

Une symbolique de paradis en floraison active le verbe

C'est l'authentique gond du zen d'une communauté qui poétise

Tant la sérénité éloigne le chaos, c'est elle qui la joie réinitialise

L'expressivité émotionnelle florale sanctifie la vie, la spiritualise

Elle transcende les siècles et protège du vilain ; ainsi on idéalise

Pour construire demain sur la ruine de nos déceptions en abeille

Elaborant l'existence novatrice à rayons que l'on enjolive de veille

Le monde est ordonné, orné de grands bouquets de fleurs

Disposés par dame nature et par la main, le cœur sans pleurs

Semant pour la joie atemporelle, l'horticulteur fait son parterre

Ici et là un bosquet de l'être perpétuant l'esthétique avec pierre

Encerclant un périmètre à parer de désirs flamboyants ; fier

De mimer la nature et souvent de l'outrepasser par sa gerbe

Si belle avec des parfums enivrants sortant de l'herbe

Le cosmos, sa faune et sa flore, des trésors à préserver

Qui nous enjoignent de perpétuer le bonheur, de persévérer

Envers et contre tout, l'exubérance de patchs floraux

Dessinent le fantastique sur une surface à neuraux

La liberté de la bise gonfle les egos en terreaux

Elle rit à tout vent, fusion après éclosion de baux

Jamais égoïstes, gages d'une préservation nourricière

Elle fait place au lys, à la coccinelle et jamais outrancière

L'éclat romantique se mêle à la tendre émotion, girandole

D'une belle du jour s'ouvrant au soleil avec le tournesol

Miracle d'un parterre de 'fleurs du nourrisson enveloppé'

Avec des oiseaux beaux et étranges, flippés par flopée

Cette gloire de la nature, à la vie et à la procréation est dopée

Ce phénomène est louange à un créateur qui mérite mélopée

Enigme existentiel du désir que sont les choix floraux

De la sécurité affective en couleurs ; décrets sociaux

Le Vésuve est point nodal pour les cyclamens de Naples

On y lit la liberté émotionnelle et religieuse des peuples

Qui lie l'identité à la libre collection du facteur esthétique

Les armoiries sont parfois fleur en symbole ; une déictique

Le lys pour le Québec et pour le Japon du chrysanthème

De la marguerite pour la France, jamais d'anathème

On vénère seulement différemment, la culture est tradition

Us longtemps établis qui tiennent le cycle de motivation

C'est aussi l'histoire de l'hexagone se transportant

Pour la nouvelle France qui se souvient en chantant

IV. Pierres précieuses

La poésie des couleurs se pare de nuances multiples

Pour narrer le monde selon l'esthète et les disciples

D'une vie qui se dicte en tableaux de maîtres et présent

Où scintille le diamant dans toute sa splendeur ; pesant

De tous ses carats dans une relation que l'on veut pérenniser

Le cabochon annonce au monde l'amour que l'on veut éterniser

Elle singularise l'approche à la vie avec plus de joie

Le multicolore ajoutant à la précision sur la voie

Qui mène vers le cœur de la beauté vibrante que l'on rassure

D'un attachement précisant des émotions sures que l'on susurre

En ouvrant l'écrin où trône la métaphore de la passion saphir

Dont la vue hélera désormais les amours ventilées par le zéphyr

L'amour est un monastère où on garde la vie austère d'archange

Le vin rouge du rubis obéit au cœur pour bien le loger avec l'ange

Adorateur de l'émeraude, le vert piquant la mouche de jeunesse

Ravivant l'étroit passage pour le fabuleux âge qui confère sagesse

La pierre mode, l'identité idéale dans la motivation de pluralité

Pour laquelle on offre de l'améthyste pour miroir de l'humilité

Même quand on baigne dans une atmosphère de puissance

Avec sur l'ongle au lieu du rubis, l'onyx du pouvoir ; la décence

Voudrait un peu de tempérance avec le saphir symbole de vertus

Ouvert à toutes les pierres, on a pourtant des choix pas obtus

Anges de la première hiérarchie, la sarde se lie aux Séraphins

Pour rappeler que la vie même est un bijou et que les Chérubins

Avec leurs yeux de topaze sont angelots rappelant la grâce divine

Soudain on veut élever le quotient émotionnel en saison taurine

C'est la temporada où le rouge symbole de fête de sang horripile

La liberté du taureau et la cruauté d'un jeu macabre face ou pile

La veste rouge du torero pour cacher son sang ou celui de la bête

Décrypte morale à deux vitesses comme dans la vie pas si nette

Rubis rouge sur la conscience en liesse pour le macabre

Une mise à mort de l'être ou de l'animal avec ou sans sabre

La pierre fonde l'identité, lorsqu'elle sort de l'écrin énigmatique

L'historique familial fige sur papier sa valeur paradigmatique

4.1. Orfèvre de l'imaginaire

La pierre, l'orfèvrerie dans sa symbolique

Nous rapproche du Dieu haut énigmatique

Jaugeant l'intégrité par la tyrannie de nos désirs

Que ne ferons-nous pas en ce monde pour nos plaisirs ?

La pierre est la meilleure parure pour la joie

S'accommode des rites de passage par la foi

Dure comme pierre, refuge de naïveté ? Non, tempérance !

Une philosophie globale, articulant le vital et l'exubérance

Elle est une dette envers les valeurs sans dimension

Taillée au goût de l'imaginaire par l'orfèvre sans tension

Débat de normes, d'iridescence, recours à l'émotionnel

La pire pour la convoitise sont ces pierres du relationnel

L'occultiste les a en œil sur l'autre monde en topaze

Intérêt pour le fantastique, boule de cristal et trapèze

Le monde est un rêve en plusieurs phases en claustra

Là où on met la vision, on entrevoit le beau ou patatras !

On retombe dans les ornières de nos idées préconçues

Les interrogations du savoir neutralisent les choses sues

La médiation de la pierre surfe le cosmos ; intuition prégnante

De monde révélé et religion plus ésotérisme à confesse gagnante

Jade, rubis, chaque pierre touche un imaginaire

La perception déborde la conscience tertiaire

Une symbolique, promesse de vie de l'espace onirique

Un rêve obsessionnel qui symbolise le luxe despotique

Médiation pour un cœur, une raison, une quête de sens

Du diamant bleu qui s'illumine par l'effusion sans contresens

Du grenat bleu apparaissant cyan, bleu-vert, devient violet

A la lumière du jour comme nos envies de cabriolet

Maximise le potentiel de la vie comme l'opale noire

Opale de feu pour déclarer sa flamme à la déesse noire

La croix d'Agadès annonce une soirée apogée

De liesse d'une semaine de fiesta avec Prométhée

Le feu de la vie est améthyste et loge dans la croix

Foi de nomade de contrées sableuses une généalogie en poix

Révéler la beauté est une trajectoire artistique

Un choix créateur d'avenir pour une esthétique

Objectivation continue du réel, le bleu de l'horizon

Tout est relatif et tout est goût ; régénérescence en blason

Nihilisme, fanatisme, tout est dans la pierre ; fière

Ils y mettent tous de l'humain, comme un peu de bière

Du miel, sensation de liberté absolue un paradis bis

Symboliser et affirmer sa propre singularité en rubis

L'autre le fera en adepte de Nyx, onyx pour la divinité

Le rêve est vie intrapsychique, hubris embrase de volupté

Nyx de la nuit, première à surgir du chaos primordial

Une musique pour l'âme se présente jape zébré radial

Elle anticipe le stress et l'écrase, l'atomise

La bague de béryl rouge au doigt optimise

Et connecte aux émotions qui les siècles transcendent

Ses feux sont autant de bénédictions qui descendent

Vers le détenteur, sa famille ; impromptues comme troubadour

La pierre annonce que l'intelligence ne vaut que par l'amour

Entrant dans les complexités sacrées ; habitus

S'adapte aux rites finalisés de valeurs de nos us

On en mettrait sur tous les doigts pierres de différentes couleurs

Esprits de pierres, contrer l'apocalypse, ratiociner les leurres

Qu'au service de l'affection qui dévale monts et vaux

Le lapis-lazuli instinctif, magique ; intime ce qui prévaut

Construire des relations sûres comme diamant entêté

Pour acquérir de la topaze vitale et comme Epiméthée

L'amertume s'aiguise par pierre offerte

Rabotée, miracle elle devient vraie experte

Des excuses en veux-tu en voilà en sourdine

Et le sourire annonce triomphale de pierre ondine

Fantasme et désir sont une traversée culturelle

Gène récessif de nos aïeuls ; ethnologie plurielle

Un besoin pressant de prendre soin de soi

Langage de pierre, thérapie appropriée ; loi

Diamant, rubis, jade ; choix inéluctable de soi

Egoïsme, non ! Une vraie profession de foi

Persistance indestructible taaféite, dure pierre

Autant chez désir, la passion de jadéite en guerre !

Le nouveau maçon est pierre brute sans fleurs ?

Travail sur soi, raboter ses défauts et ses peurs

Pour le substantif reconnaissance qui crie sa soif

On le fouille, retrouvé dans le travail bien fait sauf

De vices et qu'embellissent quelques gangues d'impuretés

Tout comme la pierre précieuse avec ses petites rugosités

Ça, je le veux, ce bijou de ma libido

Je ne peux y tourner du tout dos

N'en déplaise à ce surmoi lépreux

Ange et démon chassant en moi le preux

La voix passionnée de mon désir, une astuce

Incrustée dans l'or est le saphir de vertu en ace

La beauté iconisée scrute et réarticule l'esprit de jouissance

Réminiscence de vérité éternelle, la vie unique pour plaisance

Fait l'apologie de la pierre pour qu'elle dure

Pour le meilleur et pour que pierre ; ça dure

On évite le pire, il doit s'effriter comme verre

Aller à la chasse de la tanzanite ou à la primevère ?

Au pied du Kilimandjaro, il y a plus rare que le diamant

Voie philosophique pour une vie dure qui à tous ment ?

4.2. Joaillerie : délice de l'âme

La joaillerie est boussole du langage philosophique

Délice de l'âme, s'exprime par équation empathique

Elle parle à la place d'amours muettes qui roulent des yeux

Avec des reflets d'or, logos d'individuation et vœux pieux

Irisés par une analyse de l'âme, juge giflée par la passion

Pour des désirs tendancieux incrustés en bague par portion

La puissance en carat invaincue à potentialité infinie

Expérience fragmentaire, hymne à la robustesse définie

Comme originalité, métaphore de survie d'amours cavalières

Hardies, désinvoltes chevauchant contrées de précieuses pierres

La noblesse de l'art s'incarne dans la pierre

Un art qui prend un relief particulier à lierre

S'enroulant autour de la vie pour l'évènementiel

Les fiançailles anticipent une durée jamais partielle

Alors le diamant la plus dure des pierres orne la bague

Pour donner du mordant et de la longévité qui nargue

La précarité et fait briller l'amour de mille feu, en carat

D'un saphir disons glauque, cyan ou d'œil vert de Korat

Le mariage veut s'enorgueillir de majestueux

Raffermir les passions et les vœux impétueux

L'orfèvre dessine des bijoux d'un archétype d'amour à barat

Maximisant le potentiel des émotions par pierre à œil de chat

La bague astrale est un bouquet de mots inédits

Agate, pierre de bonté, de penchants non-dits

On la veut blanche ou bleue, d'Agatha du mystère

Une sacristie, menant l'amour vers l'énigme magistère

D'une vie dédiée au conjoint sans faiblesse ni trahison

Une gemme rose ou du grenat vert et rebelote l'unisson

Pour des noces de cire, quatre ans ; du lapis-lazuli

Pour un peu plus de piquant d'aigue marine à l'aïoli

On veut se la jouer en acajou, un espoir noble de lis

Aussi, vingt-quatre ans ou l'ambre bonifié par le lit

Mais le temps est divorce et les noces d'eau

Un siècle, on ne fait pas l'âge ; trop vieille peau

Chaque an est choix de joie, de concept affirmé d'espoir

Pour contrer le désaveu on rappelle la pierre à moire

Enfermant la scission dans un chaton de bague

Algorithme parfait d'une intelligence sociale bègue

Du rubis alors ou de l'émeraude verte, une alliance à vie

Amours et fidélité éternelles gravées dans la pierre d'envie

Donnez-moi un joyau en opale noire pour Epiméthée

Titan des pensées après coup, pour excuses à Prométhée

Enchaîné pour le bien aux humains, de l'opale de feu

Pour une reconnaissance éternelle de vie en saphir bleu

Le bijoutier joue les compromis entre gangues d'impureté

Et ces veines, ces curseurs énergumènes pour la beauté

L'immense talent c'est le joaillier sublimant le contraste

Celui des couleurs de couleuvre pour une intimité faste

Démiurge de l'affirmation de l'amour en étourneau

Réaffirmation de serments quand ils prennent l'eau

Tonalités chromatiques annonciatrices de renouveaux

Images de courants picturaux, d'amours et de vœux

Suivant la scintillante alexandrite verte à l'étoile iridescente

Elle se métamorphose pour rouge à la lumière incandescente

Des amours qui ne meurent jamais…

Des nuits de tendresse sans mais…

4.2.1. Pierre et pouvoir

La pierre est créativité et confère tout autant pouvoir

La litho-thérapie est réalité et fête la protection tout soir

Elle possède l'art de transcender l'illusoire, l'éphémère

Thermomètre des émotions, renforce les liens en polymère

C'est la bonne sensation de sécurité avec sagesse

C'est ainsi le pouvoir de gemme avec son lot de tendresse

Comme citrine que l'on voit en vitrine ; cristal d'autel

Offrant la célébrité dans ses nuances variées ; rien de tel

La vive cristalline pierre a ses vertus attirant richesse

Dégageant une aura rehaussant beauté, elle rend tigresse

Force et durabilité, rare est la caractéristique, transparence

Eloignant la peur et sa source, le danger par sa présence

Au cou, au poignet, au doigt on vote tibétaine en apparat

Verte surtout contre les sueurs, violette pour les galas

Pour le gâteau des rois, on ne voit que la dame améthyste

Et comme par enchantement, le reflet de son doigt est métis

Zabulon l'a et il est sans orgueil, péché capital mais humilité

Emblème de vie éternelle est chrysolithe en toute simplicité

Maximiser le potentiel de la couleur, la pierre de lune en vous

Brillant et radiaire, comme prescrivant l'admiration de tous

Pouvoir et vouloir s'insèrent dans les quatre cardinales

Diamant, rubis, saphir et émeraude réchauffent les hivernales

Ces soirées mondaines jugées froides qui ne s'animent

Qu'à la vue de pierres symbolisant valeur ; elles miment

Une toute puissance de l'amour ou de l'argent triomphant

Qui jure mystère, s'étale et plonge dans le désir d'éléphant

Que le joaillier a mis entre or bijoutier et taille d'orfèvre

Pour combler toutes les envies en soignant bien toute fièvre

Avec cette couleur blanche parfois à tâche rosée muséale

C'est le charme ravageur assuré ; la nacre adoucit à Montréal

La pierre est d'exception, rend le caprice en rayon de soleil

Un sourire épanoui sur une tronche recevant pierre d'éveil

L'améthyste c'est l'anneau des évêques

Favorable pour toutes les bonnes requêtes

Ce n'est pourtant pas un songe-creux de ravin

On se connecte pour la réalisation de soi au divin

De vœux de sobriété, la violette, accessoire de devin

Dionysos ne peut passer avec ses effluves de vin

La pierre protège contre l'ivresse, la colère, le stress

Sur soi, l'individu est paré vraiment contre la détresse

Les étoiles du ciel tranchées en pépites descendent un paradis

Dans le cœur de l'élu(e) battant la chamade tant l'amour a grandi

Les noces de diamant sont en soixante ans, point lumineux

Tout symbolise pérennité et préciosité, pour tous les vœux

L'axiome magique pour protéger c'est le cœur de diamant

Pour la couronne ; coiffe, symbole de primauté c'est damant

Que de pierres, toutes pour magnifier et envoûter

Payer allégeance à un pouvoir, en fait, tout débuter

Ainsi la pierre est prénom en toute langue

Incolore ou colorée, elle est zénith ou tangue

Révélation, on s'interroge sur la valeur d'échange

Un pouvoir d'achat qui envoie kaki au Zaïre de l'ange

Où les chérubins ne sont guère que des chenilles

Dans les entrailles d'une terre où ils sont en guenilles

Rencontre un vœu de croissance et cupidité

La kalachnikov règle les rixes en toute rapidité

Qui parle d'altérité dans le profond de l'avidité

Fragilisation du tissu social, désuétude de principes

La genèse de la morale est écrasée avec le sable à polypes

Où dans les protubérances on trouve de la pépite

Mythe de l'or, de la pierre précieuse, du sang ça débite

Tronçonne les espoirs avec de la dynamite qui fait péter

Le cœur de la terre où s'enfouisse la pierre pour fêter

Dans des jeux de rôle de gendarmes et de voleurs

Réinitialiser l'âme du précieux, préserver les sœurs

4.3. Pierres Gage d'Amour

On voudrait des pierres comme des tours

Afin de célébrer chez la bien-aimée les atours

Atemporelles, préventives contre toute trahison

Elles ne vieillissent pas, pour des bisous à l'unisson

Les pierres se prêtent à la muette saison des amours

Elles sont émotions en diamant, saphir ; toutes glamours

On voudrait qu'elles prêtent un peu de leur magie

Se pavanant cabochon d'émeraude, de rubis qui rugit

Des 'je t'aime' à la ronde, parlant à la place de Québec

Amoureux un peu maladroit qui donne voix par le bec

De l'oisillon en broche pour exprimer le dessein 'tendresse'

Dans les méandres de Frontenac, château belle adresse

Pour des soirées de bonne chère et de bonheur ivresse

Un éthylisme d'amour sans alcool aux accents de caresse

L'amour, une flamme qui brûle toujours cent ans après

Philémon et Baucis en arbres enlacés auprès de cyprès

La pierre est aussi la métaphore de l'engin militaire offensif

Dans une guerre des sentiments où la poche parle en or massif

Pour que les amours comme les pierres ne vieillissent pas

Qu'elles ne meurent jamais et restent héritage après trépas

Cartographiant l'imaginaire par la passion dans les prônes

Des chrysolithes de dominations et le jaspe des trônes

Les couleurs se valorisent dans des pierres précieuses

Qui dans leur éclectique assortiment sont cérémonieuses

Rehaussant l'apparat des femmes qui les portent galamment

Les pierres précieuses, cette symbolique en sautoir dément

Le langage se saisit de la pierre pour embellir les relations

Sa pérennité est port et destination pour humaines connexions

La pierre est assise de vie et se fait précieuse pour séduire

Elle accompagne le philtre d'amour avec capacité de luire

Elle aide les êtres à mieux s'exprimer dans un jargon coloré

Avec le solitaire ou le sautoir on marque plus que le péroré

Elle les pare de vie pour la parade nuptiale à l'exemple du paon

Se couler dans son invulnérabilité pour célébrer comme faon

L'élégance est une langue, une esthétique qui a raison

De la langue de bois qui des fois, le manque d'inspiration

La pierre offre une visibilité de charme qui influence

'La vie est belle' et cette beauté se dit en congruence

Avec une harmonie de couleur qui trahit l'âme

Qui se prend d'aise et vraiment séduite se pâme

L'amour est une couleur elle se brandit en agate

On cherche la beauté atemporelle même en frégate

Bonté et gouache, spéculation et valeur refuge

Pour la transmission d'un idéal contrant le déluge

Crédibiliser le merveilleux en l'exprimant en diamant

L'or est une symbolique qui éveille nonchalamment

Montrant le bien et le mal en onyx

En variété qui mime bien le bel oryx

Sans la croqueuse de diamant, que serait le richissime ?

S'il ne peut offrir pour chaque occasion à la célébrissime !

De la jadeite translucide qui illumine de mille feux

Du saphir de Padparadscha pour son cœur de preux

Le lapis-lazuli se fait caresse, au sens du don et donne voix

A une expressivité émotionnelle unique, sans sentiment à la noix

Cette pierre réinitialise l'amour, clé de l'émotion ; sa voie

Chaque rixe se résout en diamant bleu qu'elle renvoie

Pour de la tanzanite bleu de la tribu Masaï

Avec un motif botanique de préférence bonsaï

La pierre chère-fine singularise l'approche à la vie

L'agate en camée est ressourcement, hymne à l'envie

L'aventurine est joie cristalline pour un rire qui s'entend

Clair, retentissant pour un contentement sûr, très patent

Résonnant dans l'envie, comblant de bonheur jusqu'au Japon

Elle a cette force le bijou, l'amour loge au cœur du cabochon

4.4. Pierres de naissance

Les pierres, c'est une infinité de preuves d'amour et d'affection

Elles sont si loquaces, pour l'autre ; douce considération

Ce qui passe sous silence est révélé par l'annulaire

Le jade translucide et pour Juillet, le rubis du vinaire

Une bague au doigt à l'émule de Janvier, du grenat

Avec laquelle on joue avant de passer devant le prélat

Héritage de matriarche ou piquée dans une gamme spontanée

Le saphir de Septembre bonifie le rite de passage de l'année

Précieuse miniature à grand effet émotif très intime

La pierre, il faut l'offrir précieuse et laisser dire par l'escrime

De jeux d'amour à fleuret qui gagne un cœur la citrine en prime

Un mois de Novembre que l'on vit exempt de bobos et on frime

Des amours opéras jadis sont pour la vraie affection atemporelle

Laissée aux générations suivantes l'opale d'Octobre aquarelle

Est joie d'offrir pour la pérennité ou le changement de vie

Des fiançailles au mariage, Mai est vert émeraude qui ravit

La pierre de naissance c'est tous les ans qu'on commémore

Par le péridot, une envie de revivre à l'anniversaire qui fore

Auguste, période de vacances tous azimuts tout un orchestre

L'emblème en herbe mais surtout l'olive d'amour qui défenestre

Le duo en catimini pour une course sous la lune phare

La pierre c'est un récital ou une communication en fanfare

Les années pour progresser vers la bonification ; un avantage

La vie ; elle qui tâtonne la joie des leçons de choses, du vintage

Avril c'est le printemps diamant aimé de tous, une régénération

De l'attache à la topaze bleu ou du zircon pour la célébration

Du bébé de Décembre analogon de Mars l'aigue-marine en force

On sourit à Juin par la perle à la blancheur laiteuse, sans farce

N'oublions pas le ventôse, l'améthyste par ses reflets fascine

Le feu et l'iridescent de cette pierre bouleverse en sourdine

Toute la galanterie du cosmos paie allégeance à la mode

Alors, la pierre suit la tendance, s'égrène et suit le code

Le grenat bleu de Janvier est cyan mais joue avec la lumière

Pour apparaître violet par réfraction et éclairer la chaumière

Toutes les pierres s'illuminent par talent de l'amour

Toutes sont dans les désirs et les envies de glamour

Bijoux de circonstances ou bijoux fantaisies

Frasques, caprices embarquent pour saisies

En des envies mais aussi pour des philosophies

Sur la vie qui nous fuit et on s'éloigne de phobies

Et on se pare merveilleusement le cou, le poignet

Mais aussi le tour de taille avec les perles ou gadget

Même pour passer l'arme à gauche on orne le suaire

Et la vedette est réservée au doigt, à l'annulaire

Que l'on tend fièrement pour marquer son aire

Une maison ne s'éveille qu'avec un duo, en paire

Pour la remplir de témoignage par rejetons

Mais aussi de plusieurs choix de cabochons

V. Château Frontenac

Les pierres sont des séries et de la couleur

Elles construisent la vie en tours de valeur

Elles ne vieillissent pas, on les magnifie en château

Demeure éternelle lorsque la vie nous mène en bateau

Frontenac, sur un banc de soupir

Au bord du fleuve où on respire

L'air frais bohême comme souffle

D'une vie de bonheur sans mufle

En hauteur avec le fleuve en contrebas

Chante une hymne d'amour qui bât

Les moments de torpeur pour l'envie

Et vivre l'âme pleine de la flamme de vie

A Frontenac, toute âme sautille d'aise reine

Elle se bonifie et se vivifie, jamais en peine

C'est une récréation, une promesse de bonheur

La félicité est réelle ; cet espace sonne son heure

L'histoire est un écrin où la mémoire est un bijou

Elle revalorise une vie de caresse subtile sur la joue

Construite sur des rêves d'estime, d'affection en tour

Cette citadelle prend un relief particulier avec l'amour

Frontenac, un château, un murmure

D'amour éternel, de sécurité, sonorité pure

Réveillant en l'âme amoureuse la joie de vivre

Chantant avec l'eau à tue-tête l'envie de revivre

Ce sont des épisodes de vie belle tranquille

En toute semaine, toute saison ; une coquille

Où c'est un véritable lieu de ressourcement prodige

Une quille en passant, l'âme requinquée sans litige

Joyau de Champlain au bord du fleuve Saint-Laurent

Il ferait rêver le pionnier Jacques Cartier et tout galant

Québec, la vieille ville, une historicité glorieuse

Un séjour de célébrité, une visite calme, heureuse

Frontenac, c'est la féerie au sein de l'emblème

D'un passé et d'un présent Français sans blâme

Inauguré en 1893, étiquette de chic, de rêverie iconique

Un atout, on a tout à pied alentours, élégance unique

Château de rêve pour chanter fleurette à l'élu(e) du cœur

Frontenac est un hôtel qui pare de charme et de splendeur

Au cœur de Québec qui fleure bien la France

Une gastronomie enchanteresse qui élance

Qui appelle à une finesse rêvée, poétique

Un contentement et une lascivité antique

De petites plages de belle promenade

Au sein de la vieille ville aïeule ; galéjade

Frontenac confère un sens de vie, sauve du stress

La créativité y trouve crédit sûrement avec strass

Dans cette détente sans détresse

Qui remplit l'âme d'allégresse

L'ingéniosité de l'humain fait de la pierre

Une marque, un sceau, une mémoire d'hier

Qui perdure aujourd'hui et ragaillardit l'âme

Dans le cœur de l'homme, de la femme on clame

L'amour, la pérennité des garanties de bravoure

S'inscrivent dans la pierre avec audace qu'on savoure

Par des aventures à travers océans et vaillance

Ouvrir la vie ailleurs pour du bonheur en permanence

Dans l'existence qui se prolonge en héritage

Témoignage d'ancêtres valeureux du Lac Delage

L'on vénère ces pierres aussi précieuses que le diamant

Portant le sceau des francs-maçons du lys glorieux bramant

Une connaissance sublimée de la géométrie

Rapportée à l'âme de l'éternité ; une patrie

Emblème d'une profession émérite, de dextérité

Un art qui se fait passion, message pour la postérité

5.1. La devise

Il n'y a qu'une devise, persévérer

Il faut y croire et de la ténacité pour démarrer

La course est pour la vie tant vénérée

Parfois revenir en arrière pour valeur égarée

En route pour de nouveaux défis

Jusqu'à fleur de cimetière, cheveux gris

Etre adroit, rusé mais juste tout de go

Pour des séjours lénifiants pour l'ego

Quand on veut se faire plein de magot

Du Dollar, du Yen, de l'Euro à tire larigot

Faire fleurir le désert et implanter marigot

Pour une symétrie des énigmes à ergot

Une fois que l'on s'embarque, on peut aller à vau l'eau

Sillonner le cosmos en pirate jusqu'à être vieille peau

La barre de la vie se tient contre vents et marées

On fuit la monotonie pour le chaos à destinées variées

La compétition, la rage de vaincre chevillée au corps

Cela laisse des cors et durillons mais on améliore son sort

Pour séjourner dans des paradis et des palaces

L'extraordinaire, c'est l'avancée même sur les glaces

Le calvaire c'est d'être cloué sur place par la paresse

Qui s'installe quand l'assassin des rêves passe et presse

Pour défoncer les flancs de l'espoir programmateur

Que faire ? Il faut requinquer la passion au cœur

Elle remet à jour convivialité, exaltation et partage

Sur un portrait moral énergique de garçon d'étage

Pour de franches rigolades qui sondent la vigueur

L'adversité est un booster pour l'ego ; un moteur

5.2. L'or

L'or court, court pour faire la fête

Dans cette course, on en perd la tête

Aux âmes, aux egos et établit une dette

Envers cette valeur des siècles la vedette

L'évolution est parfois révolution et se déporte

Avec l'être qui quitte l'âtre et se transporte

Vers cet indispensable des pierres qu'on porte

Ses bagages de fortune pour le minerai on colporte

L'or attire, attise les convoitises depuis Crésus

Partout la ruée vers l'or crée une ville nexus

Comme une jonction vers laquelle l'aimant agit

L'or revendique en tout siècle d'être star, il ravit

C'est en or qu'est l'alvéole pour loger la pierre précieuse

L'inoxydable valeur refuge de tout temps harmonieuse

Sur le site, plusieurs gisements certains artisanaux

Des paillotes de fortune et plusieurs hôtes panneaux

Mettent en ballotage leurs âmes et celles des potes

Souvent le kaki s'en mêle et voilà une horde sous les bottes

Drainant leur force pour le diable que l'on dit maître de l'or

S'oubliant jusqu'à l'ivresse pour ce jaune métal qui scelle le sort

Ils s'engagent envers et contre tout dans des tranchées

On le dit d'une grande valeur et ils exhument les sept péchés

Quoi qu'on fasse, c'est l'espoir de vie, l'or hypnotise

Toujours, il soutient la mode comme le Denim qu'il popularise

Du néant souvent on vient à naître d'or alors toute convoitise

Se tourne vers ce suppôt de Satan mais si brillant, il monétise

Une vie médiocre à conter fleurette à des épis sans rais

Rencontrés sur le chemin de la quête de l'or, de minerais

De pauvres hères deviennent de grands magnats de rune

Naît une nouvelle page de la vie pleine d'espoir pour la fortune

S'ouvre aussi le crime lorsque l'or scintille, il éblouit

Le malfrat, tout le monde se rue à son nom, il séduit

Sur des sites d'orpaillage à la recherche frénétique

De quelques pépites pour changer le destin famélique

Dans des trous qui s'enfoncent dans la terre éventrée

On veut l'or depuis des siècles en roche séquestrée

Trouver le minerai et refermer la misère par coups de pioches

C'est donner sa santé en gage pour le bonheur de ces mioches

C'est la panacée, d'autres affirment que caducée

Emblème de ce qui emporte et soigne l'agacée

La femme fuyant la misère par l'atteinte d'un seul filon

Casse les pierres ramenées en surface à coup de pilon

L'or, pour le minerai, on erre au gré des désirs de fortune

C'est l'espérance on la suit souvent jusqu'à la mort sans tune

Et au petit bonheur la chance on recherche la veine miracle

Dans des trous épars, on s'ouvre souvent l'artère, l'or sarcle

En diable exploite l'âme pour exhumer ses scories

L'or du fond des âges et diriger les âmes endolories

Que l'on veut engourdir par la préciosité de l'or

Pour sertir les pierres précieuses on veut de l'or

Dans lequel on emboîte le jade, le rubis et le diamant

On se sert bien sûr de l'argent, support aussi gaiement

Mais l'or fait de roncin une personne d'antan, âme gaillarde

On n'en a cure, elle est pour beaucoup la voie égrillarde

Avec la destinée, l'or se lance en aventure ; jongle

On l'a, on est content de payer tout rubis sur l'ongle

VI. Couleur Sahel Sahara

C'est la couleur de la savane qui crie au soleil

Le zénith d'un amour brûlant, l'étendue à l'œil

Le sable puis la savane donnent le ton pour le séjour

Dans une itinérance dessinée par de l'ombre du jour

Se cacher, c'est se confondre avec la nature

L'ambiance est à la luminosité extrême et sure

Jusqu'au mirage qui titille les sens tant le soleil est lumière

Eblouissant, il scintille au loin, jovial tel une vraie rombière

Pour le terne et le morne, pour l'étranger tout est épineux

L'expert sahélien y voit ses espèces et chemins sinueux

Du sable à faire trépigner le chameau et le dromadaire

Des légendes de sable pour Shéhérazade du bréviaire

Un rêve qui procrastiné aide à pérenniser la vie

Contre des satrapes qui la jugent zéro ; une survie

Négociée chaque heure, chaque jour par un festival

D'histoires en couleurs d'envies de résilience du val

La ruse est un mythe qui s'enflamme, une attirance

Elle est magnétique, la vérité à découvrir en errance

Dans la philosophie de vie de l'optimisme

Qui séduit et apprivoise même le terrorisme

D'un dictateur qui sévit surtout en mal de séduction

Emmuré dans un mal-être que seul le conte, l'anticipation

Permet d'annihiler ; aussi des histoires, des contes d'enfant

Qui endorment le mal aussi bébé et chez un potentat d'avant

Le sahel est un grand livre qui s'ouvre sur le Sahara

L'antichambre du désert s'évertue à le mimer ; Saha !

Il vient à sa rencontre à pas de géant, une histoire désertique

Des métaphores, l'une l'apogée de l'autre ; logique déontique

Le Sahel est une médiation vers le Sahara dans une aléthique

Dont les modalités passent par un mode de vie nomadique

Un marqueur socioculturel qui est l'esprit du sable et du soleil

Il invite à l'indolence et souvent à une nonchalance, une merveille

De tempérament qui circonvient tout agacement et retardement

Aventuriers de l'extrême ou juste sahélo-saharien éperdument

Partie prenante de rêves de caravansérails, monde parallèle

Convois tortueux qui un monde riche de différences révèle

Qui zézaie imperceptiblement pour le profane, invectivant l'azur

Espoir de circonvenir soleil, vent et froid, tout est extrême et dur

Follement jaloux de ses silences et de ses bruissements du zéphyr

On y voit souvent des pierres spéciales, friables comme porphyre

Brun est la dominance coloriable, on lui ajoute le bleu hors saphir

Le créateur jamais coléreux qu'en tempête, des monts à gravir

C'est le défi humain repoussant les limites du possible ; rigides ?

Un garde-manger frugal avec ses oasis et ses astuces égides !

6.1. Couleur sable

La couleur sable peut se faire pétillante champagne

Sillonner les vignobles verts de la nature campagne

C'est inventer la vie au-delà des méandres du sable

Que de rêver de vastes contrées uniformes en scrabble

Mettre des lettres bout-à-bout pour un songe réalisable

Dans des tempêtes, colères de vent retraçant la fable

D'un désert presque silencieux qui mue sous les yeux

Magnifiant la modestie humaine gaie face au vent furieux

S'amoncelant dans des vertiges de diable d'ample envergure

Portrait emmitouflé dans un destin qu'il veut bleu comme l'azur

L'être patient regarde les turbulences de l'atmosphère

Comme celui d'un enfant impétueux que l'on laisse faire

Dans des rêves de caravane où la traversée est hospitalité

Une convivialité s'instaurant comme tradition brisant l'hostilité

D'un environnement qui voit comme perturbateur l'intrusion

Des caravaniers au point où il efface leurs traces en dérision

Pour oublier ces nombreuses marques sur sa robe sable

En dessinant des plis si parfaits que la voie est improbable

Sinon disparue et le suivant se fraie un chemin novateur

Sorti de son intelligence de sable un imaginaire métreur

Dans un partage humaniste qui émeut par sa prodigalité

La générosité escalade les monts de grève pour une socialité

Où avant le coronavirus, on ne montre que les yeux

Jurant par la compassion, prenant à témoin les cieux

Avec un bonheur triomphal autour d'un thé du Ténéré

Dont chaque gorgée est magnificence, sort ; vénéré

De la victoire de l'être sur une nature austère

Apparemment sans vie pourtant est vipère

Elle comporte ses démons, ses serpents et scorpions

Après le recul de sa végétation, de ses biches et lions

Promenant partout son sable que reconnaît le sévère

D'un argentique mirage qui s'exerce en diable de chimère

Un univers dominé par l'illusion où le cerveau feu follet

Se fie à son intuition pour suivre les méandres, un filet

Celui d'un type de sable qui prouve en indicateur

L'existence d'un autre vagabondage dénonciateur

D'un bestiaire fantastique où le fennec furtif

Défie le vent et tout prend une couleur sable hâtif

D'autres vies, des merveilles de vie bravant le sable

Ces chapelles spontanées s'érigeant en dôme probable

Des coupoles disparaissant au gré d'un vent qui daube

La chaleur d'enfer aussi bien que le froid glacial de l'aube

Un regard exercé sur ses dix sortes de sablonneuse

Précurseur d'enlisement et de formation montagneuse

Décortique les micmacs de mère univers jugulant ses ruses

Les hommes bleus maîtres de l'imperceptible sans buses

Avancent au cœur de l'infini fièrement juchés sur ces chameaux

Promontoires fameux du paysage, arpentant l'espace sans eaux

Avec une liberté d'être minus face à une atmosphère verdict

Toujours péremptoire où seule l'adresse humaine dicte

Et dirige les pas des montures et piétons vers l'oasis

C'est l'appel de la reviviscence par l'eau ; une Némésis

Qui par soustraction est l'ennemi ultime de l'être humain beau

Qui meurt par vengeance divine, tout sable en l'absence d'eau

6.2. Oasis Sahara

Oasis, paradis du désert, étendue de jardins colorés

Le léger mouvement du vent doux bruisse en flots dorés

Fait vibrer la vie d'insectes, d'animaux et de plantes mordorées

Tombées et en métamorphose compost pour vies subodorées

L'oasis rompt la malédiction sèche pour un repos dans un bonheur

D'onde verte vitale aux puits et ruisseaux généreux en toute heure

La halte envoûte par une différence nette ; une chevelure verte

Saluant le firmament avec ses palmiers dattiers ; une découverte

Au bout du trek de sable brûlant d'illusion pour retrouver un réel

Qui regorge d'eau, liquide précieux et indispensable, vie idéelle

Où tout parodie la savane herbeuse et les arecs majestueux

Et le bruissement d'une vie accroc à l'eau au règne impétueux

La fumée de Narguilé s'envole vers le ciel narguant le désert

Dont il est entouré, cerné ; une descente en soi et le dessert

N'est nulle part ailleurs que dans ce sanctuaire féerique

Et contrasté d'une oasis prodige de retrouvaille onirique

Après une traversée du désert où tout est mesuré sauf le sable

Mais on n'y sable pas le champagne, le design sec et tout râble

Convie à être peu disert par la menace du sable omniprésent

S'incrustant partout dans les destins qui écrivent tout au présent

Une servitude obligée quand on veut voir le bout du trajet

Peu de maisons même en oasis et à des kilomètres de jet

Le Sahara est un poème épique empreint de rêves princiers

Pas de végétation pour contrecarrer le souffle de sourciers

Peu de grottes ou crevasses où pourrait s'engouffrer le vent

Alors il devient fou et tourbillonne ; nulle part un paravent

Le désert est un état végétal, le Sahara une histoire sociale

Reg peu disert, monstre qui tout ensable, l'oasis desserte frugale

Une conscience, trame narrative du sable et de ses ondoiements

Les vagues de caresse de la bise font frémir sans atermoiements

Etres et bêtes se serrent les coudes pour arpenter ces espaces

Où tout être seul est en mauvaise compagnie sans carapaces

Le Sahara est une passion habitée par l'homme et le dromadaire

Un absolu, un thème de sable éternel, prière d'Imam sans vicaire

Qui interroge l'être, la précarité et l'uniformité sans égal

Et les mate par l'astuce humaine pour l'air pur ; un régal

On y goûte l'ivresse de l'immensité et le fantasme de l'unanimité

Fleur d'un imaginaire collectif nourri de redéfinition sans inimitié

Au gré des vagues de sable et des paradoxes tels les extrêmes

La température qui monte avec le soleil et descend les cimes

A l'aurore ; naissance de l'astre implacable qui régit le Sahara

L'obnubilant jusqu'au mirage fatidique de midi roi sans tara

Des milliers de rayons analogons de feux iridescents

Pour un rôtissage de repas mais aussi d'êtres innocents

Ces degrés de cieux vont descendre au point de congélation

La nuit, pour des gouttes de brume, une rosée de création

Une fonctionnalité où l'on donne à l'autre une part de soi

La nuit porte conseil et donne à boire, de la goutte en soi

Dans une empathie où à l'identique la soif est commun sort

Refuser à boire même à l'inconnu est passible de peine de mort

Toujours importante, partager la dernière outre d'eau

L'or, le diamant ; tout devient aléatoire devant l'eau

Et le dernier verre de thé avant l'oasis

Un besoin essentiel, perspective métis

Evocatrice de noir et blanc avec le bédouin

Et tous ceux qui par amour sont ici venant de loin

Plus ou moins foncés au gré de rencontres de peuples

L'Afrique apportant la couleur de l'aube mais aussi Naples

Hannibal et ses éléphants traversant les montagnes Pyrénées

Et les romains garant leurs chars pour forteresses hyménées

Tunis, Rabat, états marchands attirant Corse et Sicile

Eléatique cette ruée vers la richesse de peuples et villes

Carthage est civilisation, apogée de rencontre, un melting-pot

Elle s'en est allée ; ses vestiges narguent le rêve du monde turbo

Les commerçants, médecins, maroquiniers Juif et Arabe

Se fichant pas mal de scissions du monde ont ri à la barbe

Des éclats, tous teintés de vie et de Noire, pour qui daube

Les différences artificielles exaltant tous la couleur de l'aube

Criant halte au racisme, pour l'humain, la concorde dans le monde

La civilisation évolue, il faut sur de belles bases qu'on la refonde

Le voyage au cœur des civilisations mortes ou perdues

Laisse un grain d'émerveillement pour âmes éperdues

Le beau, le bien peuvent se perdre comme végétation au Sahara

La forêt devenir Sahel, rien que des épineux pour jeu de baccara

Pour d'autres trésors magnifiques pour lesquels le Touareg

Ne quittera jamais ses dunes ; il y a de l'or dans le reg

Une sérénité à nulle autre pareille en fait, un mode de vie

Tout en bleu pour de la couleur sur le sable et donner envie

De se parer et enjoliver la nature par les parures

Des talismans gros et petits, cuir rouge à dorures

Lorsque le jaune sied mieux on attife le dromadaire

Majestueuse bête des sables ; Sahara, son aire

Qu'il maîtrise comme le cheval la savane

Avec sa bosse, ça bosse et on se pavane

En hauteur, juché sur son dos de fière monture

L'orfèvre y utilise le sable pour belle tournure

Indispensable paravent sous le soleil terrible

Le trek vers l'oasis, réussir l'exploit de ce périple

L'astre qui met son œil dans la vie et devient soif

Que ne circonvient que dromadaire que bosse coiffe

L'être humain est téméraire et l'on aime d'où on vient

Sahel, désert, forêt ; on y fore ses habitudes, on circonvient

Tout ce qui est drastique vécu dès l'enfance crée attache

Doux souvenirs de mamelles, sueur et rien de ce qui fâche

Ne peut détacher l'être de là où l'on a enfui son ombilic

La cicatrice est lien indéfectible, amour, agréable déclic

Pour des soirées interminables avec les étoiles comme témoins

Du thé dans l'Aïr, pour tout au monde on n'en voudrait pas moins !

VII. CONCLUSION

La pierre s'improvise comme code culturel tout en conférant l'aptitude pour le rite de passage vers un autre rôle social, conférant une tonalité épique aux évènements. Elle permet de marquer d'un sceau indélébile les fiançailles, le mariage ; toute cérémonie d'envergure incluse dans les traditions et les envies. Elle marque un lieu enchanteur. Généreuse, elle se bonifie ; sa valeur allant la plupart du temps crescendo. Elle rompt avec la monotonie afin d'installer une solennité cérémonieuse.

Le silence peut s'amplifier sans la pierre car c'est elle qui parle tant en bijou et même en château où la fleur de lys s'exile en Nouvelle France pour une rime narrative novatrice de l'épopée des peuples.

La pierre précieuse c'est une prouesse de délicatesse envers le conjoint, l'autorité cléricale, royale ou pour sceller la ferveur d'une amitié. C'est un jeu de créativité ultime où l'orfèvre marie des nuances exceptionnelles par un système articulatoire, d'emboîtement d'une pierre exceptionnelle où l'on assortit les feux d'un lapis-lazuli ou de jade vert à de l'or blanc ou jaune, dix-huit carats.

Dans la même veine, il s'agit d'exprimer en majuscule l'allégresse d'une relation afin d'éradiquer les miasmes d'une vie angoissée, craintive du lendemain. Les carats assurent l'instant présent, les arrières et l'avenir de la personne à laquelle on l'offre. La pierre précieuse dé-paralyse l'indécise pour un saut en avant dans une relation d'antan boiteuse à causes d'hésitations et d'approches approximatives, vagues.

La bague proposée ou le médaillon offert rend décisive l'intention en la transformant en acte avec un impératif d'acceptation ou de rejet définitif car la pierre est dure et sûre, elle hait la mollesse et casse souvent la duplicité pour une attitude directionnelle univoque.

Les pierres sont de tous les couronnements et de toutes les tiares et couronnes. De l'envie de séduire et de plaire, les pierres font l'étoffe des grands destins singuliers ; princiers, royaux et amoureux selon un soupçon de superstition qui accompagne parfois chaque pièce de joaillerie remarquable.

Hymne à la lumière et à l'équilibre, les pierres précieuses dé-complexifient, illuminent les divertissements, alimentent les carnets mondains. L'évolution étapiste et dynamique vers le mariage, s'écrit par des cadeaux de bagues, de broches ; de bijoux incrustés de pierres afin de marquer solennellement ces étapes primordiales de vie.

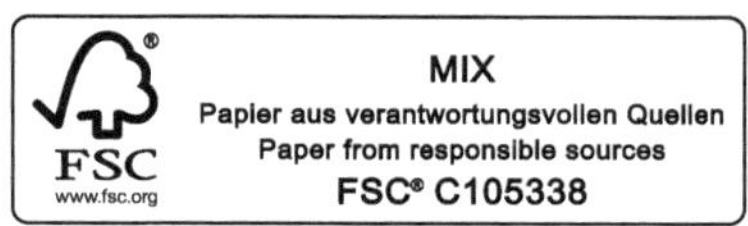

Printed by Books on Demand GmbH, Norderstedt / Germany